JN209998

自己評価による授業改善
OPPA を活用して

MASAKO NAKAJIMA

著｜中島 雅子

東洋館出版社

はじめに

　教育評価に関する現場の悩みはつきない。最近は，「資質・能力をどう評価すればいいのかわからない」という声をよく耳にする。もう一つ，これまでも言われてきた「指導と評価の一体化」について「具体的にどうすればいいのかわからない」といった話も多い。

　ここで気になるのは，評価の意味である。上記の場合「成績付け（評定）」を指すことが多いと思われる。つまり，資質・能力の評価は，煩雑だし，最後に行うことが多い「成績付け」を，すでに終了している授業にどう生かすのか，というわけである。さらに，ノート点検やテストの採点といった「成績付け」の作業は，多くの時間と労力が伴う場合が多いからか，評価のイメージは良くない。このような評価観（評価に関する考え方）により，適切な「指導と評価の一体化」がなされてこなかったと考えられる。しかし，通常の授業において，たとえば，発問（課題）に対する子どもの反応を，机間巡視で確認する行為はよく行われることである。これらは，授業における教師自身の発問が適切だったか否か，使用した教材や活動などが適切だったか否かを，評価し（見取り），その結果を次の指導に活かす手段である。まさに，これが「指導と評価の一体化」である。つまり，これまでの偏った評価観により，これが「指導と評価の一体化」だという認識が低かったと思われる。したがって，適切な「指導と評価の一体化」がなされるためには，まずは教師自身の評価観の転換を図るべきであろう。

　では，資質・能力の育成を図るための「指導と評価の一体化」が，より適切になされるためには何が必要なのだろうか。ここでは，「自己評価」に注目したい。ここでいう「自己評価」とは，これまで一般的に言われているものではなく，自覚することを指す。これまでの自己評価では，資質・能力の育成という視点が欠けていたと考えられる。これにより学習改善がより具体的，かつ，円滑になされると考えられる。なぜならば，「どこでつまずいて

いるのか」といった自分のつまずき（学習状況）の様相を学習者自身が自覚することを可能にするからである。これは，同時に教師の授業改善にも有効と考える。なぜならば，発問，話し合い活動などの授業方法，使用した教材・教具や実験・観察のどこが，どのように良かったのか，悪かったのかを教師自身が自覚することで，具体的な改善策を講ずることが可能になると考えられるからである。先ほどの机間巡視による見取りも「自己評価」の1つと考えられる。

　ここで問題になるのは「自己評価」する能力である。自分自身の学習や授業を自覚するのは難しい。自覚するということは，言い換えると，客観視（メタ認知）を意味するからだ。したがって，「自己評価」能力の育成が必要になる。しかし，この克服は「自己評価」を繰り返し行うことで可能になると考える。なぜならば，「自己評価」を繰り返し行うことによって，必然的に自分自身を客観視することが繰り返されることになるからだ。このように，資質・能力の評価により，メタ認知といった資質・能力の獲得が同時に促されると考える。これは「指導と学習と評価の一体化」がなされたと言い換えることができよう。

　では，「自己評価」は，具体的にどのように行えばいいのだろうか。「自己評価」の効果を左右するのは「問い（発問）」の質である。ここでは，「自己評価」における3つの「問い」を紹介したい。1つめは，その単元における概念の本質に関わる問い「本質的な問い」である。たとえば，中学校3年生の理科「化学変化とイオン」単元では，筆者は「イオンとは何ですか？」を提案している。この問いに対し，「答えが一つじゃない」，「もっと具体的な問いが良いのでは？」といった声がある。しかし，この「回答に幅を持たせること」こそが，「本質的な問い」を，より有効に働かせるためのしかけなのである。つまり，学びの段階によって「電荷を持った粒子」，「電解質を水に溶かすと生じるもの」，「物質を構成する粒子」といったように，回答が変容することが十分考えられる。これは，学びの深化（変容）を示すものと考える。この学習による変容を学習者が「自己評価（自覚）」することで，科

学的概念の獲得が促される。さらに，これにより「なぜ理科を学ぶのか」といった「学ぶ意味・必然性」の感得がなされ，学習意欲の向上が可能になろう。このような学びによる変容を意識させるために，「本質的な問い」は単元の「学習前」と「学習後」に同じ問題として設定される必要がある。2つめは，「今日の授業で一番大切なことは何ですか？」である。これは，毎回，授業の最後に設定する「問い」である。これにより学習者は，自分の一番を記述しなければならないので，自分の考えに順位づけ（価値付け）を行う必要がある。つまり，学習者は自分の考えの中での「一番」を問われることで，より「深い学び」が必然的になされることになる。3つめは，上記2つの問いに対する学習者の回答の変容を「自己評価」するための問いである。具体的には，「この単元の学習によってあなたは変わりましたか？変わったとしたらどこが変わりましたか？」である。この問いは先ほど述べた学びによる変容の自覚が，より促されることをねらいとしている。

　以上で述べたように，そもそも評価の目的は改善である。そのための「指導と評価の一体化」が，「自己評価」でなされることで，資質・能力の育成とその評価が同時になされると考える。なお，ここで紹介した3つの問いが設定されているのが，「一枚ポートフォリオ評価（OPPA）」論で使用する「OPPシート」である。OPPA論は，恩師である山梨大学名誉教授の堀　哲夫先生によって開発された日本生まれの「自己評価」に注目した教育論である。

　本書は，筆者の博士論文である「理科教育における概念の形成過程の自覚化という視点を重視した自己評価に関する研究」を中心に，その後の研究成果を「補章」として加筆したものである。これらは，理科教育を対象にしたものであるが，ここで得られた知見は理科に限らず，他教科，および，教科外活動においても適応するものだと考えている。それは，現在，多くの学校現場で展開されているOPPA論を活用した実践が，理科にとどまらないという事実からも明らかだろう。

　序章，第1章，第2章，第3章，終章は博士論文である。ここでは，教育

評価における「自己評価」について，国内外の動向をふまえつつ，その機能と効果について，理論的・実践的に明らかにした。

　補章では，さらにその成果を発展させ，「自己評価」において重要なのは，これまであまり議論されてこなかった自己評価のための「問い」であること，さらに，そのためには，先ほども述べたように，評価とは何かといった評価に関する考え方（評価観）や，教育とは何かといった教育に対する考え方（教育観）の再考が必須であることを，OPPA論に基づいて明らかにしたものである。どちらも，具体的に授業でどのように活用するかを念頭に，「自己評価」による学習・授業改善について執筆した。

　本書を手に取っていただいた方の少しでもお役に立てることが筆者の本望である。

目次

問題の所在と
これまでの経過,
および,本研究の目的

本論文の目的は，理科教育における概念の形成過程の自覚化という視点を重視した自己評価に関する研究を行うものである。

具体的には，次の3点を明らかにする。

第1に，概念の形成過程の自覚化という視点の理科教育における意義である。

第2に，自己評価を成立させるための理科授業のあり方である。

第3に，そのためには，具体的にどのような授業を行えばいいのかである。

以上より，理科教育の課題克服に有効な要素を明らかにすることで教育実践への示唆を行う。

1 本章の目的，および，研究の手順

本章では，まず，理科教育における問題の所在を明らかにした上で，これまでの経過を整理する。次に，その結果に基づき，先行研究の省察として，日本における自己評価の歴史的展開を概観することで，自己評価のあり方を明らかにする。最後に，各章の目的と構造を述べる。

2 問題の所在

「理科離れ・理科嫌い問題」に代表されるように，我が国の理科教育における課題は多い。TIMSS（Trends in International Mathematics and Science Study）2007調査によれば，「学力」については国際的に見て比較的上位にとどまるとされた。しかし，「理科の勉強の楽しさ」については2003年の調査結果からは若干の伸びはあったものの，依然国際平均値よりも低いという結果であった[1]。

さらに，TIMSS2011調査においては，「算数・数学，理科の『勉強が楽しい』と回答した小学生・中学生の割合は，前回調査と比べ増加」しつつも，「希望する仕事につくために数学，理科で良い成績を取る必要がある」と回答した中学生の割合」は，「国際平均よりも低い」との結果であった[2]。これは，理科の学習は楽しいが，なぜ理科を学ぶのかといった理科を「学ぶ意味」や「学ぶ必然性」について，児童・生徒が感得していないことを示すものと考えられる。

また，科学的リテラシーが調査対象の中心分野となったPISA（Programme for International Student Assessment）2006調査の結果では，日本の「科学的リテラシー」の得点は，国際的に上位グループに位置するとされた[3]。しかし，「科学的な疑問を認識すること」領域は7位，「現象を科学的に説明すること」領域は12位と決して高い水準とは言えない結果となった。さらに，科学に対する態度に関する調査により興味・関心が低く，理科の学習環境に関する期待も薄いことが確認された[4]。

その原因はPISAが調査対象とする学力の質に関係すると考えられる。PISA調査の目的は「ただ単に学校のカリキュラムの内容を習得したか否かだけではなく，成人後の生活に必要とされる重要な知識・技能をどれだけ習得しているか」を調査することである[5]。これは日本の学習指導要領が求めている「生きる力」の育成に通じると考えられる。しかし，日本では「生きる力」を理念として謳っているだけで「生きる力」を育成するための具体的な方策は解明されていないと考える。したがってこのような結果になったのではないだろうか。

では，これらの課題を克服するために何が必要なのだろうか。それは，「構成主義（constructivism）」的な学習観に基づく概念の形成過程の自覚化という視点だと考える。「構成主義」とはその立場によって様々な文脈で用いられるが，端的に言えば，人は概念や考え方を受動的に受け入れるのではなく，主体的に意味を構成し認識していくと考える立場を指す[6]。つまり，「生きる力」を育成するための授業を構想する際には，「学習のプロセスとは既知と未知との葛藤を調節しつつ進行するものである」[7]という「構成主義」

に基づく学習観[8]を中心とした議論が有効であると考える。その理由は次の2点にある。

　1つは，概念形成が適切になされるためには，その過程を学習者自身が自覚する必要があるからである。これにより，学習者が「学ぶ意味」や「学ぶ必然性」を獲得することが可能になると考えられる。

　もう1つは，授業改善が適切になされるためには，教師がその形成過程を把握することが必要だからである。これにより，「生きる力」を育成するための具体的な方策の解明が促されると考えられる。

　諸外国では学習の理論化が盛んに行われており，それらに基づいた授業論が提案されている。たとえば，米国学術研究会議（National Research Council）の報告書では，学習科学の研究成果により明らかになった「学習における基本的事実」として5点が示された[9]。これらに基づき，授業において「学習者の既有知識」を重視することや「学習者が思考の過程を表現し，自分の知識の状態を省察する機会」をもつことが示されている[10]。言い換えれば，これは，「メタ認知」[11]の育成を目的とした授業を示すものであり，そこでは「既有知識」や「思考の過程」といった概念の形成過程という視点が重視されている。

　さらに，田中耕治は，「『学習への意欲』を喚起することは，基本的には『なぜ勉強するのか，この勉強は自分たちにとってどんな意味があるのか』という問いに根ざす『教育のレリバンス（適切性）』の課題」だと指摘する[12]。また，堀 哲夫は，「学習の変容を知る意味」は，「どのような働きかけが適切であったのか，あるいは不適切であったのかを知ることができるから」と述べ，「学習者自ら学びの過程を確認すること」が，「学習において重要」であると主張する[13]。

　これらから，学習意欲を喚起するためには，学習者が自己の学びの過程を通して，その意味や価値を学習者が獲得する必要があると考えられる。つまり，学習者が自己の概念の形成過程を自覚することの必要性である。さらにその際，理論と実践を結びつける視点を重視する必要があろう。なぜならば，これまでこれらの関係をあまり意識してこなかったことが，理科教育の

目的の達成を困難にし，その結果多くの理科嫌いな子どもたちを生んでしまったのではないかと考えられるからである。したがって，課題克服には，理論的な解明に留まらない，実践面における解明も必要と考える。

3　これまでの経過

　上記を鑑み，理科教育における概念の形成過程の自覚化という視点に注目し，これまで次の2つの研究を行った。

3-1　高等学校化学「電池」単元を事例とした OPP シートの開発，および，その活用に関する研究

　1つめの研究は，ポートフォリオ評価法に注目し，その問題点を整理した上で，一枚ポートフォリオ評価法（OPPA：One Page Portfolio Assessment，以下 OPPA と表記）[14] の開発と導入を行い，その効果を明らかにした[15]。OPPA は先ほど述べた「構成主義」的な学習観に基づき開発された自己評価法である。

　高等学校化学「電池」単元を事例とした結果，OPPA を授業に活用することで，学習者が概念の形成過程を自覚することが可能になることが明らかになった。

3-2　高等学校理科における OPPA による効果の検証を中心とした科学的概念の形成過程をふまえた学習者の目的観育成に関する研究

　2つめの研究は，子どもの「理科離れ・理科嫌い問題」に注目し，その克服の手立てを探りながら，高等学校理科における OPPA による効果の検証を中心とした概念の形成過程をふまえた学習者の目的観育成に関する研究である[16]。

　高等学校化学の導入部である「物質の性質と分離」単元を事例とした結

果，学習者が概念の形成過程を自覚することにより，適切な目的観が形成されることが明らかになった。

4 | 先行研究の省察

　以上より，概念の形成過程の自覚化という視点が，理科教育における課題克服に有効であることが明らかになった。さらにそれは，その視点に基づく自己評価を授業で成立させることが，有効な手立てである可能性が認められた。

　そこで，ここでは，先行研究の省察を通して，理科教育における自己評価のあり方を明らかにする。具体的には，自己評価の歴史的展開を概観することで，自己評価で重視すべき要素を抽出する。

4-1 戦後の自己評価論における概念の形成過程という視点

　まず，戦後の日本における自己評価論の歴史的展開を，概念の形成過程の自覚化という視点から概観する[17]。

4-1-1 相対評価と自己評価

　戦後まもなく 1951 年に文部省が作成した『初等教育の原理』[18] には，当時の「教育評価」概念の特徴が明確に規定されている。自己評価については，「評価は，教師の行う評価ばかりでなく児童の自己評価をも大事なものとして取り上げる」と記されている。

　また，最初の学習指導要領である 1947 年版の第 5 章「学習評価の考査」[19] では，「考査」[20] の目的について，次のように示された。「教師の側にとっては，教材や指導法，環境の整え方が適切であったかどうかをつきとめ，これからの指導の出発点を明らかにするという意義，子どもの側にとっては，自身の学習の到達点を自覚し，今後の学習をいかにすべきかを考える意義」である。後者は，「新たに子どもの側から自己評価能力の意義をとらえなおし

たもの」になっている[21]。

　これらは，当時のアメリカの進歩主義とともに紹介されたタイラー（Tyler, R.W.）の「エヴァリュエーション（evaluation）」概念の影響が強く見られたものであった[22]。この「考査」概念は1951年度改訂の指導要領ではその名称を「評価」と変えつつ継承されていった。

　このように，戦後まもなく自己評価は重視されてきた。しかし同時に，戦前の「絶対評価」が教師の主観性に委ねられていたことに対する反省から，評価方法において客観性の追求が目指された[23]。その結果，戦後最初の指導要録となる1948年度版において「教科の評価」は「相対評価」が採用され，評定欄がもうけられた。これは，その後，2001年に改訂された指導要録で「目標に準拠した評価」が提案されるまで続くことになる（表序-1）。

表序-1　指導要録の改訂と時期区分と，
本章でとりあげた自己評価に関する主な著書の出版年

第1期	1948（昭和23）年指導要録 —戦前の「考査」への反省と「指導機能」重視	文部省（1951）『初等教育の原理』東洋館出版社.
第2期	1955（昭和30）年指導要録 —「相対評価」の強化と矛盾の激化	庄司和晃（1965）『仮説実験授業』国土社. 續有恒（1969）『教育評価（教育学叢書21巻）』第一法規.
第3期	1980（昭和55）年指導要録 1991（平成3）年指導要録 —矛盾の「解消」としての「観点別学習状況」の登場	安彦忠彦（1974）「学力評価の今日的課題」『児童心理』金子書房. 安彦忠彦（1987）『自己評価—「自己評価論を超えて」』図書文化. 梶田叡一（1994）『教育における評価の理論Ⅰ学力観・評価観の転換』金子書房.
第4期	2001（平成13）年指導要録 —「目標に準拠した評価」の全面採用	梶田叡一（2002）『教育評価〔第2版補訂版〕』有斐閣. 西岡加名恵（2003）『教科と総合に活かすポートフォリオ評価法』図書文化. 堀哲夫（2004）『一枚ポートフォリオ評価理科』日本標準. 田中耕治（2008）『教育評価』岩波書店.

出典：田中耕治（2008）『教育評価』岩波書店，に筆者が加筆した。

4-1-2 理論と実践を結び，フィードバック機能に注目した自己評価

このような流れの中，「相対評価」への批判をふまえ，独自の自己評価論を展開したのが教育心理学者の續 有恒である[24]。

續は「evaluation としての評価と valuation としての評定とをはっきり区別していかなければならない」と述べ，評価とは「現在指導（目標追求）をしている者自身が，それを成功させるために，指導の途上において，目標と現状のズレを調べ，調整を必要とするならば調整をしていくという働き」であるとし，現場の実践をふまえた教育評価論を展開した[25]。

このように，續は「評定」と「評価」をはっきりと区別した上で，「評価」とは，「目標追求と追求活動との間に介在するフィードバック機能」であり，指導 – 評価 – 調整というサイクルの中の部分過程と位置づける[26]。

續は，教育評価の要件として，次の3つを主張する[27]。第1は，「基準」である。「教育評価」は，教育という目標追求活動（指導または教育）において，「目標とある時点の状況との関係を値ぶみすることにある」ので，評価を可能にするには「めざす目標と，追求を開始する時期の状況との関係を結んだ線が明確にされるべき」であると主張する。

第2は，「主体」である。續は，研究者など「他者の指示や意見を求めたにしても，結局は，それを自己のものとして受け入れ，自己の目標として追求していく」と述べ，評価者は，追求者本人の教師であるべきだと主張する。つまり，評価は本質的に教師の自己評価であるというのである。

第3は，「調整可能性」である。「評価は指導の自己調整としての機能のための情報であるので，評価は調整に貢献しなければ意味がない」と主張する。

このように，續は，教育評価は原理的にフィードバック機能をもった自己評価であるとし，「指導 – 評価 – 調整のサイクル」の部分過程と位置づけた。その目的は，次の学習や指導の改善にあると主張した。ここに，續の主張の意義があると考える。しかし，ここでは評価の主体者は教師であり，学習者はあくまでも被評価者なのである。以上より，續の自己評価では，学習者主体という視点が欠けている。

4-2　子ども主体の自己評価

　次に，自己評価において子どもをその中心に位置づけた自己評価を整理する。ここでは，仮説実験授業の研究において自己評価に言及した庄司和晃，到達度評価論の立場で自己評価を重視した梶田叡一，そして，評価は本来すべて自己評価であると主張する安彦忠彦に注目した。梶田と安彦の主張の契機となったのは「構成主義」的な学習モデルであった[28]。

　最後に，自己評価能力はメタ認知能力であるとする田中耕治の提案を概観する。

4-2-1　庄司和晃の自己評価

　まず，理科教育において庄司和晃があげられる。庄司は，「教育というのは自分自身がスバラシクナッタという自覚を子どもにたえずもたせる仕事だ」と述べ[29]，そのために「子どもが自分で自分を評価しやすいようなてだてを講じてやることが必要だ」と主張し，自己評価を重視する[30]。そして，自己評価のさまざまな方法として「仮想方法による説明法」，「マンガかきメソッド」など16種類の具体的方法を提案している。

　さらに，庄司は，仮説実験授業に携わったことで，「自然のことわり」を「認識」することや，「科学の方法がわかったことは大事である。しかし，それのみでなく，そのこと自体が，あなたにとってどういう意味を持つのか」といった「学習者の自覚」という視点を学んだと述べ，その方略として，「キッカケ言葉」と「討論」を活用している[31]。具体的には，教師が「キッカケ言葉」を使って学習者の発言を促すことを重視し，学習者が「キッカケ言葉」を「討論」の中でどう使っているのかを分析することが学習者の認識の深まりを捉えると考えた[32]。

　認識が深まることで「自分自身が進歩していく，自分自身が変わっていく，自分自身のスバラシさをみつけだしていく，問題を処理する自分の力に自信をもっていく」，「そうしたことを子どもが自覚する」ことで，「自分自身が生き抜いていくためのもっとも協力で有効な武器あるいは味方となるもの」を獲得すると考えたのだった[33]。

以上より，庄司は，学習者の自覚という視点に注目した上で，自己評価を教育評価の本質と捉えていた。その一方，教師の授業評価という視点は薄い。

4-2-2 自己の内面世界を育てる自己評価

次に，それまでの教育心理学では軽視されがちであった学習者の内面世界の評価に注目した教育心理学者梶田叡一による自己評価を検討する。

梶田は，テストの「点数や評点が，学習者に自信を失わせ，学習や成長への意欲をそぐものになっているとしたなら，教育評価の理念に逆行するもの」だと述べ[34]，それまでの評価観を批判する。その上で，教育評価の機能を「教育活動の目標に照らして実態を判断し，直接的な指導のあり方，場環境の設定のあり方などを検討し，必要な改善を加える」こととする「到達度評価」の立場に立つ。

梶田は教育評価の主体として，学習者個々人を位置づけ，教師による指導目標だけでなく，学習者による学習目標にも注目した。具体的には「学習者に目的意識」を持たせることを意味する。それと同時に，ブルーム（Bloom, B.S.）の形成的評価（formative evaluation）に学び，評価が「学習する側の論理として生きていくためには，外的な評価とフィードバックが学習者自身の自己評価へと内面化していかなければならない」として，学習者に「自己評価の能力と習慣を持たせること」を重視する[35]。このような自己評価は自己教育力の育成に欠かせないとし，自己評価のあり方として5つの視点をあげる（表序-2）。

その具体的な方法論として，梶田は次の2つを提案する[36]。1つは「単元レベルの形成的評価の自己評価中心的運用」である。具体的にはブルームのマスタリー・ラーニング（mastery learning）に従い，教師が作成した単元目標に応じた小テストやワークシートを，学習者が自己採点し，その達成状況に応じて教師が補助課題や発展課題を与えるものである。もう1つは，「単元末の自己反省・自己評価」である。これは，単元最後の時間に「自由記述の形でその単元の学習を全体的に反省させ，残された課題，今後に発展させていきたい課題，またそれらを家庭学習」や「後の単元で取り組むつも

	重視すべき視点	効果と留意点
①	自分自身を振り返って吟味してみる機会の提供	「メタ認識」や「メタ学習」を育成する。
②	外的な評価の確認をつくった形でなされること	学習者の「独善を強化する」ことを防げる。
③	「自己評価のために設定された評価項目や視点に沿って」行うこと	学習者はこれまで「意識しなかった面」への気づきを促し、新たな自分の問題点を自覚するようになる。
④	変容が可視的で子どもの「自己感情を喚起し、深化する」点。これは、「総合的に自己を認識し、評価することによって」なされる。	子どもが「ネガティブな方向への行き過ぎが生じない」ための教師による「ガイダンス」が必要である。
⑤	子ども「一人ひとりが次のステップについて新たな決意、新たな意欲」を持つようになる点	「自己評価票の項目にチェックしたら終わり、というのではなく、次にどうしたらいいか、どのようにするつもりか、を考える場」が必要である。

出典：梶田叡一（1994）『教育における評価の理論Ⅰ 学力観・評価観の転換』金子書房，pp.220-223．及び，梶田叡一（2002）『教育評価〔第2版補訂版〕』有斐閣，p.184 に基づき，筆者作成。

りか」を書かせるものである。

　以上より、梶田は自己評価を「外的な指導を学習者自身の内的必然性を持つ学習や努力に転化させる」ものとし、「メタ認知」を重視した学習者による内面評価としての自己評価に注目した。それまでは評価の客観性が重視されがちであった教育心理学の世界で、「学習者自身の内的必然性」、言い換えれば、学習者自身の学習の自覚といった学習者の内面に注目し、自己評価を重視した点で大きな意義があったと考えられる[37]。

　しかし、その一方、梶田の自己評価では、学習者による学習目標に注目しつつも、それはあくまでも教師の用意した教育目標に基づく学習者の目的意識であった。そこでは、学習者の自己評価に基づいた教師の論理の問いなおしという視点が望まれる。

4-2-3　活動者自身による自己評価

　それまで教育心理学者によって議論されることが多かった自己評価につい

て，教育学的側面でその重要性を説いたのが，安彦忠彦である[38]。

安彦は，「評価は，本来的にはすべて自己評価である」と主張し，評価の主体に注目した。そこでは，「教育評価（広義）」を，狭義としての「教育評価」と「教育評定」に区別し，主体を「生徒」と「教師」とした。さらに，安彦は，自己評価を「生徒の自己評価」と「教師の自己評価」に区別して論じている[39]。安彦の自己評価には，先述の續の影響があった。續が教育評価を原理的に自己評価とした上で，「評定」と「評価」を区別し，評価の「主体」に注目した續の自己評価である[40]。

さらに，評価は，「自分の活動に対する善し悪しを知り，改めるべきところを改めようとして求める活動」であると述べ，教育評価の目的は「改善」にあると主張する[41]。つまり，教師は教師自身の授業改善を，学習者は学習者自身の学習を改善することだというのである。

これについて，安彦は，これまでは「広義の『教育評価』が，『教育評定』によって満ちており，教師も子どもも親も，みんなこの『評定』の方ばかりに目を向けてきた」ことで，「教育評価」は本来の目的を果たせてこなかったと説明する。さらに，「それは『第三者による他との比較を通しての序列付け』が関心の中心にあったから」だと述べ，「相対評価」の問題点を指摘する[42]。

また，安彦は「評価基準」について次のように述べる。「教育的な観点から考えると『評価基準』は設定しないほうが良い場合もある」とし，「ベストを尽くせばよい」といったような「姿勢で取り組むことが好結果を生む場合もある」とする[43]。ここには「到達度評価」を相対化した「個人内評価」の要素が見られる。

以上より，安彦は，評価は本来的に自己評価であるという持論を展開し，その目的を「活動の改善」とした。そこでは，「到達度評価」の意義を認めつつも，その弱点を指摘し，「個人内評価」の意義を主張している。しかし，その一方，安彦の教師の授業評価と生徒の自己評価を結ぶ視点は明確とは言えないと考える。両者を関連づける具体的方法論が望まれる。

次に，現代における教育評価研究の代表的な人物の1人である田中耕治の主張である。田中は，これまでの自己評価の問題について，次のように述べる[44]。

「従来の教育評価論においても『自己評価』の重要性は語られてきた」，しかし，そこでは，成績（評定）をつけるためのものといった評価観や，自己評価が，学習者の「授業への『思い』や『感想』の単なる吐露をさそう方法にすぎなかった」ために，自己評価本来の機能が十分果たされてこなかった。さらに，これまでは，「自己評価能力の形成は教育評価の最終目標として設定されている場合が多く」，「日々の評価活動に内在して自己評価能力を培うという姿勢や方法には不十分」だったと指摘する。

その理由は「学習のプロセスとは既知と未知との葛藤を調節しつつ進行するものである」という「構成主義」的な学習観の欠如にあると主張する[45]。

では，田中の考える適切な自己評価とは何を指すのだろうか。これについて，田中は「自己評価とは，子どもたちが自分で自分の人となりや学習の状況を評価し，それによって得た情報によって自分を確認し今後の学習や行動を調整することである」とし，「自己評価能力はメタ認知能力」と言い換えることができると述べる[46]。具体的には，「真正の評価（authentic assessment）」論[47]が提起する「自己評価を内包する評価論」を展開する[48]。それは，「教師にとっては，子どもたちの『学び』の実相を深く診断するものであるとともに，それ自体が『学び』を活性化させる指導方法の一環」であると主張する。

また，田中は，多くの著作の中でこれまでの優れた教師の実践からその要素を抽出し，理論的に解説する作業を通して，理論と実践の接続点を明らかにしている[49]。その中で，自己評価の実践上の課題としては「子どもたち自らが自分の値打ちを発見し，その歩みを確認できる『自分さがし』や『自分決定』を行う指導場面が必要」と述べている。そして，「自己評価は個人内評価の重要な方法」だとし，それは「『生活綴方』の教育方法思想にその根付きをもっている」と指摘する[50]。

以上より，田中による自己評価は，「構成主義」的な学習観を重視したものであり，それは，学習者の自己評価と教師の授業改善を接続する視点を伴うものである。

4-3 これまでの自己評価における論点

　以上より，日本におけるこれまでの自己評価の論点は，次の3点にまとめることができる。

　まず，第1に，評価観の問題である。これまでの日本においては，評価は成績（評定）をつけるためのものといった評価観であった。續や安彦は，「評定」と「評価」を区別することで，その評価観の転換を図った。

　第2に，この評価観と関連して，評価の目的に関する問題である。評価の目的は学習や授業の改善にあるという考え方によって評価観の克服が図られた。

　第3に，学習者の自己評価と教師の授業改善を接続する視点である。教師の授業改善は教師の授業評価によってなされるのだが，その教師の授業評価と学習者の自己評価をどう関連づけるのかに関する視点が，これまでは不明確であった。ここでは，「構成主義」的な学習観が重要となる。

　第1および第2については，上述のような克服が図られつつも，現在でも同様な評価観が存在すると考えられる。

4-4 「目標に準拠した評価」における自己評価

　これまで述べてきた日本における教育評価の潮流を経て，2001年改訂の指導要領において全面的に採用され，2010年改訂においても引き続き示されたのが「目標に準拠した評価」である。「到達度評価」や当初の「目標に準拠した評価」における課題をふまえ，「『個人内評価』や自己評価，関係者による評価，創造性の評価といった新しい視点」を取り入れて提案された。ここでは，理科教育を中心に，「目標に準拠した評価」において，概念の形成過程の自覚化という視点に注目した上で自己評価を重視する先述した「真正の評価」論と，OPPA論の2つを検討する。

4-4-1 「真正の評価」論における自己評価

　まず，「真正の評価」論である。評価の文脈で「真正な（authentic）」という概念を初めて提唱したウィギンズ（Wiggins, G）によれば，「真正の評価」とは，「『大人が仕事の場や市民生活の場，個人的な生活の場で「試されている」，その文脈を模写すること』」と規定される[51]。これは，1980 年代の後半にアメリカで登場し，日本においては西岡加名恵らが，日本の文脈における具体的な方法論を合わせた形で提唱している。

　西岡によれば，「真正の評価」論のポイントは次の 3 つにある[52]。第 1 に，「学校で保証すべき学力」は，「知識そのものを生み出す力や学問的な探求を行う力であり，それ自体で審美的・実利的・個人的な価値を持つような『真正の学力』であるという目標観」である。第 2 に，「パフォーマンス評価の方法を用いる必要性」である。これにより，「幅広い学力を評価する可能性」が拓かれる。第 3 に「評価基準として『ルーブリック（rubric：評価指標）』を使用すること」である。当初の「目標に準拠した評価」では，「どのように評価規準や評価方法を開発すれば良いのかの研究は発達して」おらず，「多くの現場では実質的な実践改善につながる評価とはならなかった」。「真正の評価」論は，これらの課題を踏まえて提案された[53]。

　田中によれば，この「真正の評価」論を支えているのは「構成主義」的な学習観である。この立場にたてば，「真正な評価」論は「まさに『真正』な課題を含む教育評価を行うことによって」，学習者の『『知』の実態をとらえるとともに」，学習者も「『真正な』課題に挑戦することで自らの『知』を鍛え，その達成度を自己評価できるようになる」[54]。これについて理科を事例に示したのが図序-1 である。

　西岡は，「生きる力」の育成について，次のように述べる。「生きる力」は「多面的な学習評価によって育まれる部分が大きい」。したがって，「外的な評価に左右されるだけでは，環境の変化に柔軟に対応できない」。重要なのは，「『自分がどこまでできていて，次に何を目指したいのか』という自己評価力，つまり自分と向き合える力をつけることが重要」だというのである[55]。

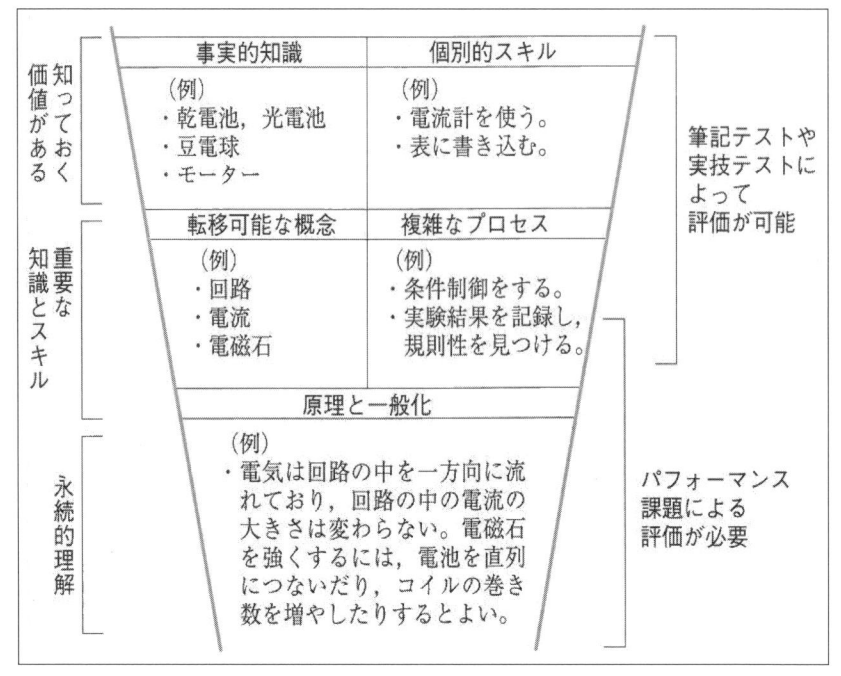

図序-1 「真正の評価」論における「知の構造」と評価方法の対応

出典：堀 哲夫・西岡加名恵（2010）『授業と評価をデザインする理科』日本標準，p.31.

以上より，「真正の評価」論は，「生きる力」の育成を目指すために自己評価を重視した評価論であることが明らかになった。それは，「パフォーマンス評価」や「ルーブリック」といった理論を現場で生かす具体的な方法論を伴うものだった。これらを支えるのは，概念の形成過程に注目した「構成主義」的な学習観であった。

4-4-2　OPPA 論における自己評価

次に，「真正の評価」論と同様，「構成主義」の学習観に基づき提案され，日本の理科教育を中心に展開されている OPPA 論を検討する。

OPPA 論の開発者である堀 哲夫は，これまでの自己評価に関する問題点を 6 点あげている[56]。これら 6 点は，次の 2 点に大きく集約できると考える。

1 つは，学習者の自己評価と教師の授業改善，つまり教師の授業評価が連動していないことである。たとえば，自己評価が単なる記録や振り返りに終

始してしまうのは，学習者の自己評価が授業改善に生かされていないことを意味すると考えられる。もう1つは，その結果，学習者が自己の概念の形成過程を自覚できなくなることである。

　自己評価では，学習者が学習による自己の変容を客観視すること，つまり，メタ認知できることが重要となる。学習者が理科の学習によって自分がどのように変容したのかを自覚できなければ，その学習の意味や必然性を獲得するのは困難となり，理科の授業そのものに意味を見いだしにくくなる。堀によれば，これにより，さらに「理科嫌いを作りかねない」状況を生む可能性があるというのである。これらをふまえ，OPPA論では表序-3に示す6点が重視された。

　このように，堀は，自己評価において，学習者が自分自身の変容を自覚することを重視する。具体的には，表序-3における「メタ認知」の育成を目的とした「思考や認知過程の内化・内省・外化」の作用による。これはOPPA論による「学習者と教師のやりとり」によってなされる[57]。

　すなわち，メタ認知を獲得することで，学習者は「学ぶ意味」や「学習への意欲」および，「学習への必然性」を獲得する。これは，OPPAによって学習者の概念形成過程が可視化されることでなされる[58]。

　以上より，OPPA論は「メタ認知」の育成を目的とした自己評価論であり，重視されたのは「思考や認知過程の内化・内省・外化」といった学習者の概念形成の自覚化という視点である。さらに，概念変容を可視化するな

表序-3　OPPA論の理論的骨格

①	「メタ認知」の育成を重視した学力モデル。
②	ポートフォリオ評価の導入
③	パフォーマンス評価の導入
④	一枚の用紙の中で行う診断的・形成的・総括的評価
⑤	思考や認知過程の内化・内省・外化
⑥	学習全体を振り返る自己評価

出典：堀 哲夫（2011）「OPPAの基本的骨子と理論的背景に関係する研究」『山梨大学教育人間科学部紀要』第13巻，pp.100-106の主張に基づき，筆者作成。

ど，これまでの自己評価の問題点を克服する視点を持った具体的な方法論を伴うものであった。

〔 4-4-3 〕 「構成主義」的な学習論と自己評価

これまでの検討により，「真正の評価」論とOPPA論には，共通点が見られることが明らかになった。それは，次の3点にあった。第1に，「メタ認知」の育成を目的とする評価論であること。第2に，理論を現場で生かす具体的な方法論を伴うものであること。第3に，これらを支えるのは，概念の形成過程に注目した「構成主義」的な学習観である。これは，先ほどの安彦や梶田の提案とも共通する。以上，3点は，自己評価において重視すべき視点と言い換えることができよう。

両者の相違点としては，評価基準の問題が存在する。「ルーブリック」の作成によって評価基準を設定する「真性の評価」論に対し，OPPA論は「個人内評価」の色合いが強い[59]。教育現場では，教師による両者の優れた点を活かした実践の工夫が求められる。

4-5 自己評価において重視すべき要素

以上より，自己評価において重視すべき要素を抽出する。

それは，次の4点にあると考える。第1に，「構成主義」的な学習観である。すなわち，学習者は無能な存在ではなく，「自分を取り巻くさまざまな世界に主体的に働きかけながら，それなりの整合性や論理性を構築する有能な存在」であることが，適切な自己評価を可能にする前提となる[60]。自己評価を考えるとき，このような教育観が重要となろう。田中が指摘するように，そこで初めて，自己評価の本来あるべき機能が働くものと考える。

第2に，この考え方に基づく概念形成の自覚化という視点である。すなわち，学習者が自身の概念形成の過程を自覚することが，自己評価の本来持つべき機能である「学習や授業の改善」を生むと考える。例えば，表序-4 に示すように，欧米の形成的評価研究においては，学習者自身が自己の学習を評価する（Assessment as Learning）という学習としての評価の意義が強調されている。さらに，そのためには，堀が指摘するように，自己評価におい

て，学習者が自己の変容を可視化する工夫が必要となる。

第3に「学ぶ必然性」，「学ぶ意味」の育成があげられる。

これまでの検討により，学習者が理科の学習によって自分がどのように変容したのかを自覚することで，その学習の意味や必然性を獲得することが可能になると考える。これらは「メタ認知」の獲得によってなされる。つまり，「メタ認知」の獲得によって，学習者は，自己の学習に意味を見いだすことが可能になると考える。これは，理科教育で問題視されている学習意欲に大きく関係する。

第4は，学習者の自己評価と教師の授業評価を結びつける視点である。学習者が，自身の概念の形成過程を自覚し，その変容過程を教師が確認し，授業の何が問題だったのかを具体的に把握できることになることが，教師の授業改善を促すことになる。学習者の自己評価と教師の授業評価は，この概念形成の自覚化という視点によって結びつくことが可能になると考える。

表序-4　評価の機能

アプローチ	目的	準拠点	主な評価者
学習の評価 (Assessment of Learning)	成績認定，進級，進学などのための判定（評定）	他の学習者。教師や学校が設定した目標	教師
学習のための評価 (Assessment for Learning)	教師の教育活動に関する意志決定のための情報収集，それに基づく指導改善	学校や教師が設定した	教師
学習としての評価 (Assessment as Learning)	自己の学習のモニタリング，および，自己修正や自己調整（メタ認知）	学習者個々人が設定した目標や，学校・教師が設定した目標	学習者

出典：石井英真（2013）「これからの社会に求められる学力とその評価—『真正の学力』の追求」『初等教育資料』東洋館出版社，p.31. より筆者抜粋，加筆した。その際 L. M. Earl（2003），Assessment as Learning: Using Classroom Assessment to Maximize Student Learning, Corwin Press, p.26. を参照。

5 各章の研究目的と構造

　以上より，理科教育における課題克服のためには，学習者が理科を「学ぶ意味」や「学ぶ必然性」を獲得することが必要であり，それは，「構成主義」的な学習論に基づく，概念の形成過程という視点を重視した自己評価を成立させることで可能になることが明らかになった。

　そこで，本論文では，「構成主義」的な学習論に基づく，概念の形成過程の自覚化という視点に注目した自己評価に関する研究を行う。

　本論文は，序章，終章を含め，5つの章から構成されている。

　序章では，本研究の目的を明示した上で，本研究を展開するに至った問題の所在，これまでの研究経過，先行研究，および，各章の目的と構造について述べた。

　第1章では，「構成主義」的な学習観に基づく，概念の形成過程の自覚化という視点の理科教育における意義を明らかにする。具体的には，オズボーン（Osborne, R.：1940-1985）の「構成主義」に基づく理科教育論の特質と構造を明らかにする。ここでは，文献研究による理論的アプローチを中心に行う。

　第2章では，「構成主義」的な学習観に基づく，概念の形成過程の自覚化を重視した自己評価を成立させるための理科授業を明らかにする。具体的には，「生成的学習モデル（generative learning model）」を中心に，文献研究による理論的アプローチより，重視すべき要素を明らかにする。

　第3章では，第2章の結果に基づき，自己評価を成立させるための具体的な授業について，実践的アプローチによって明らかにする。具体的には，OPPAの導入による「生成的学習モデル」に基づく理科授業の成立とその効果を検証することで明らかにする。本研究は，これまでの経過において，OPPAを活用した実践研究は，高校生を対象としてきた。本章においては，中学生を対象とする。これにより，中学生においても有効かどうかについて，明らかにする。

終章では，以上の研究成果をまとめ，本研究を総括した上で，理科教育の課題克服に有効な教育実践への示唆を述べる。

本論文の構造は，図序-2 に示す。

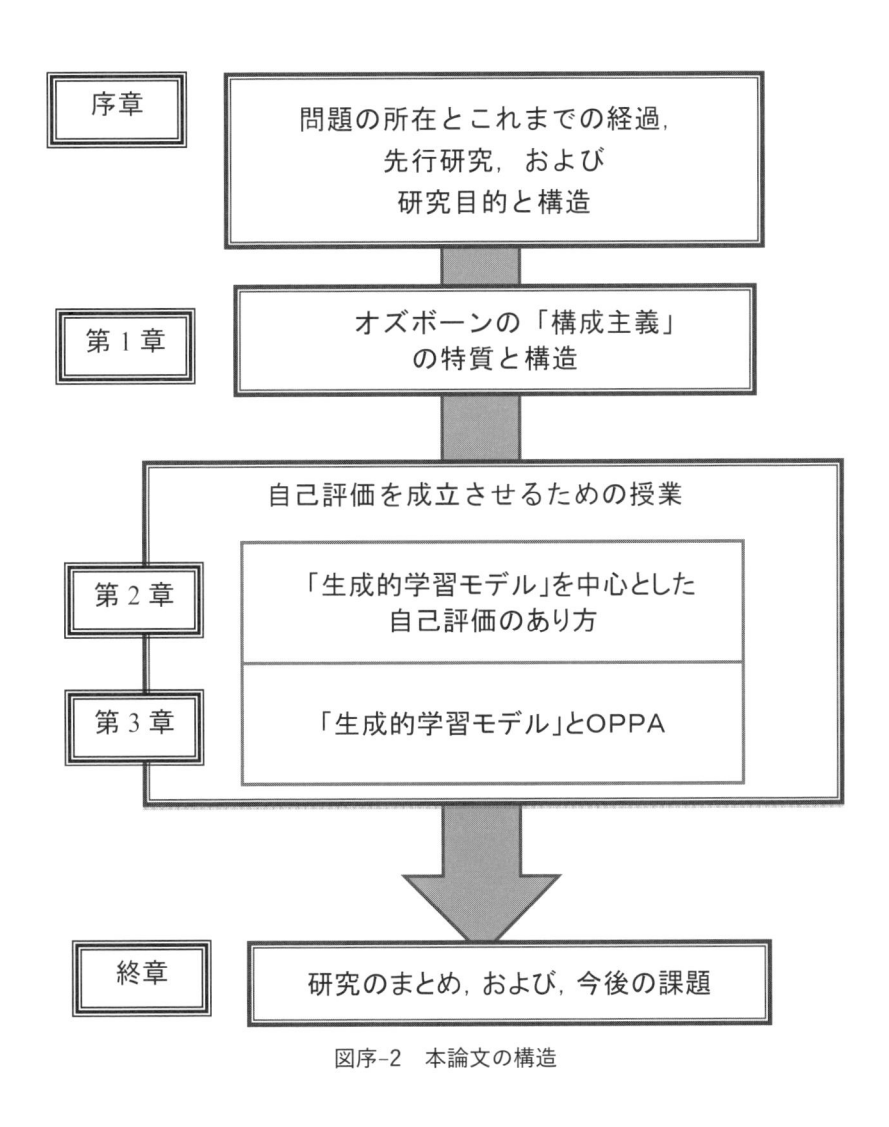

図序-2　本論文の構造

註，および，引用・参考文献

1 国立教育政策研究所，IEA 国際数学・理科教育動向調査の 2007 年調査（TIMSS2007）p.17，http://www.nier.go.jp/timss/2007/gaiyou2007.pdf（2014.10.29）.

2 国立教育政策研究所，IEA 国際数学・理科教育動向調査の 2007 年調査（TIMSS2007）pp.38-42，http://www.nier.go.jp/timss/2011/gaiyou.pdf（2014.10.29）.

3 国立教育政策研究所，OECD 生徒の学習到達度調査（PISA2006）p.5，〈http://www.mext.go.jp/a_menu/shotou/gakuryoku-chousa/sonota/071205/001.pdf〉（2014.10.29）.

4 国立教育政策研究所編（2007）『生きるための知識と技能』OECD 生徒の学習度調査（PISA）2006 年調査国際結果報告書，ぎょうせい，pp.140-142.

5 国立教育政策研究所監訳（2007）『PISA2006 年調査　評価の枠組み─ OECD 生徒の学習到達度調査』ぎょうせい，p.5.

6 構成主義という言葉は使う文脈や立場によってそのとらえ方は様々である。たとえば「ピアジェ（Jean Piaget）理論」に代表される「個人主義的・心理学的個人主義」といった立場や，ガーゲン（Kenneth J. Gergen）による「構築主義（constructionism）」と呼ばれる立場，そして「状況論的アプローチやヴィゴツキー学派を中心」に主張されるようになった「社会的構成主義」と呼ばれる立場などがある。詳しくは以下の文献を参照されたい。堀 哲夫（1992）「構成主義学習論」日本理科教育学会編『理科教育学講座 5 理科の学習論（下）』東洋館出版社，pp.105-226 ／久保田賢一（2000）『構成主義パラダイムと学習環境デザイン』関西大学出版会.

7 ここでいう既知とは既有の概念や考え方を，未知とは新しい概念や考え方を指す。

8 田中耕治（2008a）『教育評価』岩波書店，p.164.

9 Bransford, J. D. Brown, A. L. & Coking, R. R.（Eds.）（2000）*How people learn: Brain, mind, and school*, Washinton, DC: National Academy Press.

10 R. K. ソーヤー編，森敏昭・秋田喜代美監訳（2009）「学習科学ハンドブック」，培風館，pp.1-2.

11 本稿における「メタ認知」とは，「認知についての認知」をさす（三宮真智子編，2008，『メタ認知』北大路書房，p.1）。

12 田中（2008a）上掲書，p.9.

13 堀 哲夫・西岡加名恵（2010）「授業と評価をデザインする 理科」日本標準，p.225.

14 OPPA については，たとえば，以下を参照されたい。堀 哲夫（2013）『教育評価の本質を問う　一枚ポートフォリオ評価法　OPPA　一枚の用紙の可能性』東洋館出版社.

15 中島雅子・堀 哲夫（2005）「一枚ポートフォリオ評価シートの開発及びその活用に関する研究―高等学校化学『電池』単元を事例にして―」『教育目標・評価学会紀要』第15号，pp.39-51.

16 中島雅子（2010）「科学的概念の形成過程をふまえた学習者の目的観育成に関する研究―高等学校理科における OPPA による効果の検証を中心として―」『教育目標・評価学会紀要』第20号，pp.59-68.

17 戦後の教育評価論については，次の文献に詳しい。田中耕治編著（2007）『人物で綴る戦後教育評価の歴史』三学出版.

18 文部省（1951）『初等教育の原理』東洋館出版，pp.217-219.

19 文部省（1947）『学習指導要領一般編（試案）』日本書籍，p.35.

20 1947年度版学習指導要領編纂の総責任者である青木誠四郎によれば，ここでの「考査」という言葉は，当時のアメリカ合衆国における「evaluation」を訳したものであり，戦前の「考査」とは異なる意味を持つものであった。青木は教育評価を「教師自身の指導のあり方を振り返り改善していく契機」として捉えた人物である。詳しくは，次を参照されたい。樋口とみ子（2007）「戦後初期学習指導要領における教育評価論―青木誠四郎の場合―」田中耕治編著『人物で綴る戦後教育評価の歴史』三学出版，pp.123-136.

21 田中（2008a）上掲書，p.16.

22 「エヴァリュエーション」概念は，「メジャメント」運動（measurement movement）に対する批判を背景に誕生した。田中耕治（2008）『教育評価』岩波書店，p.16.

23 同上書，p.208.

24 續とともに「相対評価」の批判をふまえ，その教育上の意味づけや克服をはかった人物として橋本重治と正木　正があげられる。續は正木を継承した人物である。両者については，次を参照されたい。田中耕治編著（2007）『人物で綴る戦後教育評価の歴史』三学出版.

25 續 有恒（1969）『教育評価（教育学叢書21巻）』第一法規，p.99.

26 同上.

27 同上書，pp.115-121.

28 田中（2007）上掲書，pp.7-8.

29 庄司和晃（1965）『仮説実験授業』国土社，pp.143-144.

30 仮説実験授業を提唱した板倉聖宣は，「子どもの目標と教師の目標」をはっきりと区

別した上で，子ども達自身の評価を重視している。板倉聖宣（1989）『私の評価論』国土社，p.55。板倉聖宣（2001）『仮説実験授業の ABC　楽しい授業への招待　第 4 版』仮説社，p.48.

31　庄司和晃（1988）『庄司和晃著作集』第 4 巻，明治図書 p.161.

32　先述の庄司和晃の「『キッカケ言葉』とは，理解を測る「ルーブリック（評価指標）」であると述べている。田中耕治（2008b）「時代を代表する教師たち―東井義雄，斎藤喜博，庄司和晃―」『指導と評価』No.637，図書文化，p.40.

33　庄司和晃（2000）『仮説実験授業と認識の理論―三段階連関理論の創造〔増補版〕』季節社，p.39.

34　梶田叡一（2002）『教育評価〔第 2 版補訂版〕』有斐閣，p.i，p.65.

35　同上書，p.12，pp.101-102.

36　同上書，pp.105-106.

37　梶田は，道徳教育における評価として「自覚」を強調している。ここでの「自覚」は「自分自身についての単なる意識化，対象化」ではなく，『迷妄を断じ，正法を悟る』という意味をはらんだ『自覚』」だと説明する。そこでは，「自己評価が大きな意味を持つと述べている。梶田叡一（1994）『教育における評価の理論 I 学力観・評価観の転換』金子書房，pp.250-251.

38　安彦は，「自己評価」について「一人の研究者，しかも教育学者が一冊の本にまとめることは，大胆ながらこれが初めてではないかと思う」と述べている。安彦忠彦（1987）『自己評価―「自己評価論を超えて」』図書文化，p.3.

39　同上書，pp.82-83.

40　安彦忠彦（1974）「学力評価の今日的課題」『児童心理』2 月号，金子書房，pp.195-196.

41　安彦（1987）上掲書，pp.82.

42　同上書，p.83.

43　同上書，p.113.

44　田中（2008a）上掲書，p.164.

45　同上.

46　同上書，p.125.

47　「真正の評価」論は，以下に詳しい。西岡加名恵（2003）『教科と総合に活かすポートフォリオ評価法―新たな評価基準の創出に向けて』図書文化社／ Grant Wiggins and

Jay McTighe（2005），Understanding by Design, Expanded 2nd Edition, Prentice Hall ＝（邦訳）：西岡加名恵（2012）『理解をもたらすカリキュラム設計―「逆向き設計」の理論と方法』日本標準.

48　田中（2008a）上掲書，pp.127-128.

49　たとえば，次があげられる。田中耕治編著（2005）『時代を拓いた教師達』日本標準／田中耕治編著（2009）『時代を拓いた教師達Ⅱ』日本標準.

50　田中（2008a,）上掲書，p.126.

51　同上書，p.73.

52　西岡加名恵（2010）「学力評価」教育目標・評価学会編『「評価の時代」を読み解く　教育目標・評価研究の課題と展望　上巻』日本標準，pp.58-59.

53　同上書，p.56.

54　田中（2008a）上掲書，pp.74-75.

55　西岡加名恵（2012）「多面的な評価方法によって『自分と向き合える力』を付ける」『VIEW21 小学版』Vol.2, pp.22-25.

56　堀　哲夫（2003）『学びの意味を育てる理科の教育評価―指導と評価を一体化した具体的方法とその実践』東洋館出版社，pp.26-28.

57　堀　哲夫（2003）『学びの意味を育てる理科の教育評価―指導と評価を一体化した具体的方法とその実践』東洋館出版社，p.28.

58　堀（2011）上掲書，p.104.

59　理科教育における自己評価の「個人内評価」への注目は，「架設実験授業」の評価においてもみることができる。窪田知子（2007）「架設実験授業を通してみる教育評価論」田中耕治編著『人物で綴る戦後教育評価の歴史』三学出版，pp.123-136.

60　田中（2008a）上掲書，p.76.

第1章

オズボーンの「構成主義」に基づく理科教育論の特質と構造

1 　本章の目的，および，研究の手順

　本章においては，オズボーンの「構成主義」に基づく理科教育論の特質と構造を整理することを通して，概念の形成過程の自覚化という視点の理科教育における意義を明らかにする。

　オズボーンを取り上げる理由は次の3点にある。第1に，オズボーンは，「構成主義」の考え方が日本に紹介される契機となった人物であること[1]。第2に，オズボーンが独自に開発した調査方法により，それまでには明らかにされてこなかった学習者の学力の実態を表出させたことである。用いられた調査方法は2つの特徴を持つ。1つは，概念の形成過程を表出させるために工夫された「問い」である。もう1つは，その調査問題の作成段階から，学習者の考え方は調査問題の文言や図に潜む文脈や状況に依存するといった事実を考慮した上で作成されているという点である。これらは，授業や学習および評価を一体化した上で議論するというそれまでになかったオズボーンの研究手法によってもたらされたと考えられる。

　理由の第3は，研究成果を現場の教育に活用できる形で提供するというオズボーンの研究姿勢である。彼は，学習者である子どもを理科教育の主体として位置づけ，子どもの目線から研究することの重要性を主張した。このように，オズボーンは「構成主義」に基づく概念の形成過程に注目し，研究を行った。その結果，オズボーンの主張は，当時の学習論にパラダイム転換をもたらし，現在の理科教育において「構成主義」がその中心に位置づく契機になった[2]。

　以上より，オズボーンによる「構成主義」を探究することが，理科教育における「構成主義」的な学習観に基づく概念の形成過程の自覚化の意義を明らかにすることとなり，それらは，問題解決に有効な授業を構想することを可能にし，現在の理科教育に大きく寄与すると考えられる。

　具体的には，次の手順で行う。

　まず，オズボーンの主張を概観する。次に，ニュージーランドにおいて

「構成主義」に基づく理科教育の理論と実践が歴史的にどのように展開してきたのかを整理し，その中でオズボーンの理論がどのように誕生し，位置づいているのかを明らかにする。最後に，オズボーンがニュージーランド政府の依頼を受けて取り組んだ「理科学習プロジェクト（LISP：Learning in Science Project，以下 LISP と記す）」に焦点をあて，その調査内容とその結果提案されたオズボーンの理論を明らかにする。その上で，オズボーンによる授業とカリキュラムの構想を明らかにする。

2　「子どもの科学」

2-1　文化としての「子どもの科学」の重視

　オズボーンの研究によって明らかになったのは，学習に重大な影響を与える自然界についての考え方や言葉の意味を学習者が理科の授業の中に持ち込んでいるという事実であり，その結果，学習者の考え方は教師が予想もしない方法で影響を受けているという実態であった[3]。この学習者の実態を，オズボーンは「子どもの科学（Children's Science）」と名づけた。

　オズボーンは，「子どもの科学」について「教師がそのような学習者の見解に対しどのような反応を行う心積もりであっても，彼らによるプライベートな意味づけは子ども文化の紛れもない一要因なのである」と主張する[4]。

　この考え方は観察や実験を指導の基本に捉える理科学習に対し重大な問題を提起することになった。なぜならば，これまで理科学習で受け入れられてきた帰納主義的な学習観に対して，疑義を唱えることになったからである[5]。帰納主義的な学習観とは，観察や実験を通して得られた結果を一般化することによって，自然の中に潜む原理や法則を見つけ出せるという考え方である。この考え方に基づけば，学問的体系に沿った授業のもと適切な実験を重ねれば，すべての学習者が科学的概念を形成することが可能になるはずである[6]。しかし，オズボーンにより明らかにされた事実は，一様な方法で

すべての学習者が科学的概念を形成するのは難しいことを示していた。

　このパラダイム転換により，理科教育の学習論はそれ以後再考を迫られることになった。この考え方が以後注目を浴びるようになった「構成主義」である。つまり，学習によって新しい概念や考え方を形成するその過程は，それまで言われてきたような「精神白紙説（tabula-rasa）」に基づくものではなく，もともと学習者が持っている既有の概念や考え方との再結合であると構成主義は主張する。ここにおいて，それまであまり注目されてこなかった学習者の学習前の学力の実態や学習者の概念の形成過程に焦点をあてざるを得なくなったのである。

2-2　日本の理科教育における「子どもの科学」の位置づけ

　日本の理科教育において，オズボーンの構成主義は「子どもの科学」を理科の授業論においてどう位置づけるかでいくつかの解釈がある。たとえば，オズボーンによる科学的概念の形成過程という視点を重視した堀 哲夫らは，自己評価による「メタ認知」の育成に注目した。これが「子どもの科学」を科学的概念へ変容を促すと主張する[7]。

　また，森本信也らは，オズボーンの考え方に基づけば，「子どもの科学」が強固であるために，理科授業において科学の論理と学習者の論理の二項対立が存在することになると指摘する。さらに，オズボーンの構成主義には社会的な文脈における知識構成や「状況的認知」という「社会的構成主義（social constructivism）」の視点に欠けると位置づける[8]。

　理科教育のあり方を探究する上で必要なのは，構成主義が現場の教育に寄与する要素を明らかにすることであろう。それらは，以上のように解釈が分かれるオズボーンの構成主義の特質と構造を明らかにすることによってもたらされると考える。

3 ニュージーランドにおける理科教育の歴史的展開

3-1 オズボーンの問題意識に始まる諸外国との連携

1970 年代，オズボーンが直面したのはワイカト大学の物理学教室において，通常のテストでは高得点であるにもかかわらず，物理の基本的な概念が十分理解できていない学生の実態だった[9]。オズボーンはこのような学生の学力の実態を裏づけるような教育心理学の知見に関心を持っており[10]，ピアジェ（Piaget, J.）による「発達段階説」に基づく学習論に不満を抱いていた[11]。

オズボーンの研究の基盤となった知見の多くは，ニュージーランド教育省からの依頼を受けて実施された LISP における調査研究にあった[12]。LISP は，ニュージーランド教育省の援助を受けワイカト大学教育研究センターにおいて 1979 年から 1988 年にかけて実施されたプロジェクトである。そこで用いられた調査問題は，オズボーンが 1979 年からの 1 年間サバティカル（sabbatical）を利用して滞在していたイギリスのサリー大学にて，ギルバート（Gilbert, J.K.）やワッツ（Watts, M.D.）とともに開発された。ギルバートとワッツは当時サリー大学に勤務していた理科教育学者である。

また，オズボーンの研究は，オーストラレーシア科学教育学会（The Australasian Science Education Research Association Ltd. 以下 ASERA と記す）と大きく関わるものであった[13]。ASERA を設立したのは，オーストラリアの理科教育学研究の創始者であるフェンシャム（Fensham, P.J.）であった。オズボーンの ASERA への参加により，オーストラリアとニュージーランドそれぞれの理科教育学研究に，親密な関係と理論の相互環流が生まれることとなった。創設 40 年目にあたる 2009 年 6 月，その記念に発表された論文の中で，ASERA に大きく貢献した 4 人の人物の 1 人として，オズボーンが紹介されている[14]。

また，同じく ASERA のメンバーである教育心理学者のホワイト（White, R.T.）は，オズボーンの研究の偉大さに関し，ガンストン（Gunstone, R.）との共著 *Probing Understanding* の巻頭において，「本書をロジャー・オズボーンに捧げる」とし，オズボーンの業績に対する敬意を記している。ガンストンは，オーストラリアの理科教育学における認識研究をリードしてきたモナッシュ大学にホワイトとともに所属していた教育学者である[15]。フェンシャムとホワイトらは，オズボーンと互いに大きな影響を受けあう関係にあった。彼らの多くの主張の根拠になったのは，LISP において明らかにされた知見である。

　このように，理科学習を通して学習者に科学的概念の形成が十分なされていないという懸念と，ピアジェの「発達段階説」に依拠した当時の学習論に対する懐疑という問題意識を背景に，オズボーンは LISP において概念の形成過程に着目した調査を行ったのだった。それらは，諸外国の研究者との連携によって行われた。

3-2　オズボーンの研究姿勢と功績

　オズボーンは，研究成果を現場へ寄与することを考えていた。これは，次の 3 点から明らかである。第 1 に，オズボーンの研究は，理論的な提言に留まらず，その成果が授業や学習といった現場における具体的な形で示されたことである。これにより，教師らに現実を見ることを可能にし，彼らを納得させるに十分な説得力を持つものになったと考えられる。第 2 に，LISP に多数の現場の教師が関わったことである。「子どもの科学」を明らかにするためには，調査問題の作成に携わる研究者の洞察力が不可欠であった。その洞察力は多くの初等教育学校，および，中等教育学校の教師らの経験によるものが多かった[16]。第 3 に，オズボーンは研修会を通して LISP の成果をその研究手法とともに現場の教師に伝達することに努めたことである[17]。オズボーンの理科教育における新しい提案がパラダイム転換をもたらすことになったのは，現場への寄与という研究姿勢によるものであろう。

　LISP におけるオズボーンらの研究成果は，その後のニュージーランドの

理科カリキュラム改革に大きな影響を与えることになった。ワイカト大学でオズボーンの同僚であったベル（Bell, B.）によれば，そもそも LISP の組織化の背景には，1970 年代中頃，科学の論理的構造と学習者が科学を学ぶ方法とが食い違っているという懸念があった[18]。それまでの「精神白紙説」に基づくニュージーランドのカリキュラムに対する批判が，LISP を生んだのだった。それは，1984 年 11 月文部大臣により「学校カリキュラム再調査委員会」の設置が行われたことに始まる。当時実施されていた 1968 年改訂の「初等理科シラバス（junior science syllabus）」は，科学の論理的構造に基づき作成されたものであった。その後，1992 年 4 月に教育省から配布された「全国共通理科カリキュラムドラフト（Science in the National Curriculum）」の巻頭には，LISP の成果である，理科教育における学習者の自然観や，「子どもの科学」から出発することの重要性が記された[19]。

　ベルは，LISP の果たした役割は「カリキュラム意志決定（decision-making）」において学習理論の機能を強調することであったと説明する[20]。

　このように，オズボーンの理論は，ニュージーランドにおける理科カリキュラム改革をもたらした。その原動力になったのは，オズボーンの問題意識に端を発した LISP による調査結果だった。

4　LISP によって明らかになったこと

　LISP の調査問題には，学習者たちにとって答えやすく，誘導的でなく，科学的概念の本質に関わる質問内容が用いられた。この調査は「子どもの科学」を明らかにするのみならず，科学的概念の形成を促す機能があることをオズボーンは主張した。

　さらに，オズボーンは現場の教師の洞察力が研究を進める上で不可欠であるとし，多くの教師に関わりを求めた。その結果，研究の成果を学校現場において活用できる形で提案することが可能になった。以下，LISP の内容と，その結果に基づき提案されたオズボーンの理論を詳しく見ていく。

4-1 LISP の内容と成果

4-1-1　調査方法と用いられた調査問題

　オズボーンは，「子どもの科学」を明らかにするための有効な手段は，学習者の一つ一つの考え方に対して価値づけをすることなく，ただひたすら彼らの意見に耳を傾けることであると指摘する。なぜならば，「学習者は長いこと教師が気に入るように解答する方法を学んできたため」であると述べる[21]。このような観点に基づき，オズボーンらは独自に調査問題を作成した。LISP では，2種類の調査方法が開発された。「事例面接法（IAI：interview-about-instances)」，および，「事象面接法（IAE：interview-about-events)」である。調査は，授業観察と面接を中心に行われた。「事例面接法」が，「植物」といったようなある言葉について学習者が連想する概念を調査するために用いるのに対し，「事象面接法」では，「光の放射，反射，吸収，あるいは台所での水の蒸発，凝縮」といったような日常観察されうる現象についての学習者の考え方が調査された。具体的には，両者ともに図1-1に示すようなカードを用いて面接が行われた[22]。例えばカードを見せ，「これらの絵の中に植物はある？」，「植物って何？」といった植物概念の本質に関わる質問を行った。

　また，上記の方法で明らかになった「子どもの科学」をカテゴリー化し，それらを選択肢として採用した「多肢選択式問題」も用いられた（図1-2)。これにより，短時間で多人数に対して教室で一斉に調査が可能になった[23]。「多肢選択式問題」は「子どもの科学」を明らかにするとともに，授業に活用することで科学的概念の形成を促す機能があるとオズボーンは主張した。

　オズボーンらは，面接を成功させる鍵は質問の内容と実施時期にあると主張する。質問内容は「答えやすく，誘導的でなくて，本質的」である必要があった[24]。実施時期は，学習後に限らず学習前や学習中にも行われた。これは，学習前に学習者が保持している概念や考え方を明らかにすることと，それらがどのような過程を経て変容するのか，あるいは学習の結果どのように

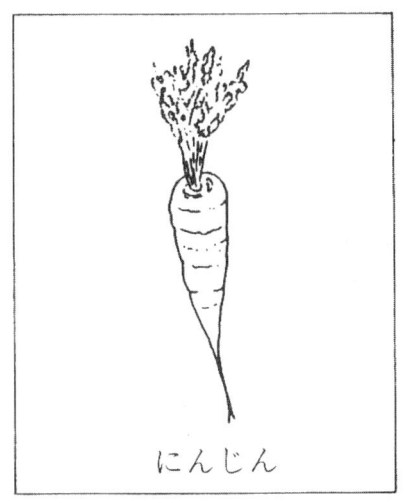

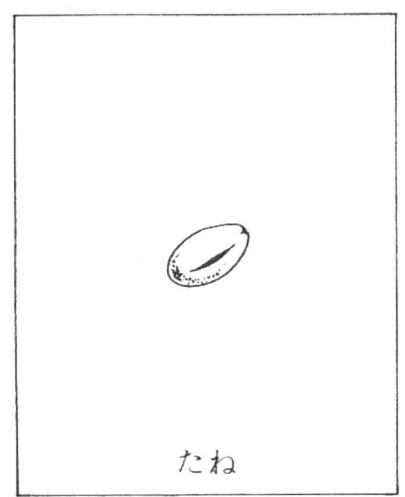

にんじん

草

かしの木

たね

図 1-1　植物に関するカード

出典：R. オズボーン，P. フライバーグ編，森本信也・堀哲夫〔訳〕(1998)『子ども達はいかに科学理論を構成するか―理科の学習論―』東洋館出版社，p.16.

変容したのかについて調査するためであった。したがって，すでに理科を学んでいる大学生も調査の対象となった。さらに，面接対象は授業実施者である教師におよんだ。これは，教師自身の科学に関する概念や考え方を調査す

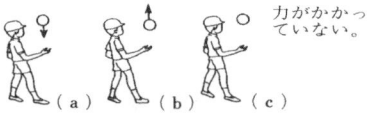

ある人がテニスボールを真上に，かる
く投げています。
　ボールにどんな力がかかっているのか
について質問します。

　もしボールが上にあがっていく途中ならば，ボールにかかっている力はどちら向き
だと思いますか。下の図の中から選びなさい。

力がかかっ
ていない。

（ a ）　　（ b ）　　（ c ）

　もしそのボールがちょうど一番高いところまで上がったとすると，ボールにかか
っている力はどちら向きだと思いますか。下の図の中から選びなさい。

力がかかっ
ていない。

（ a ）　　（ b ）　　（ c ）

　もしそのボールが落ちてくる途中にあるとすると，ボールにかかっている力はど
ちら向きだと思いますか。下の図の中から選びなさい。

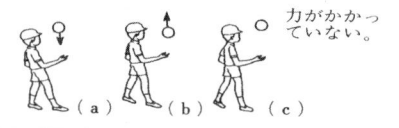

力がかかっ
ていない。

（ a ）　　（ b ）　　（ c ）

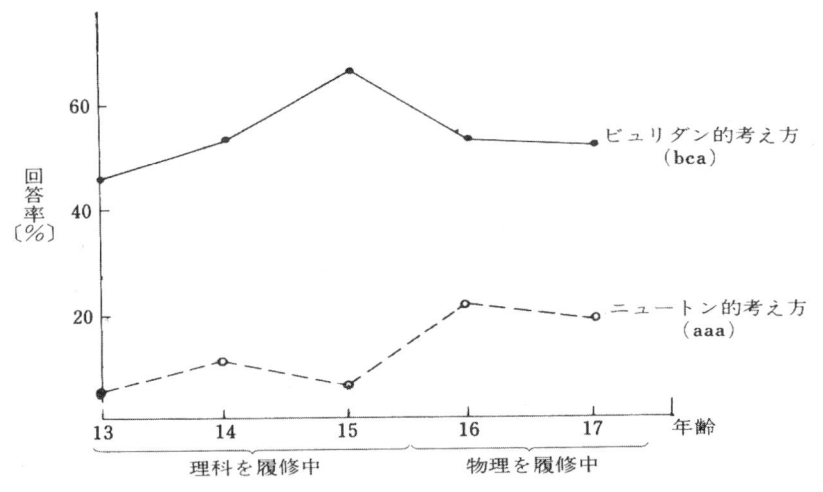

図 1-2　力と運動に関する多肢選択式問題と回答率（正答は aaa）

出典：R. オズボーン・P. フライバーグ編，森本信也・堀哲夫〔訳〕（1988）『子ども達はいかに科
学理論を構成するか―理科の学習論―』東洋館出版社，pp.70-71.

るためであった[25]。

　このような，授業観察と面接により，現場で実際に何が行われ，その結果何が起こっているのかを実証的に明らかにすることが，「子どもの科学」を明らかにすることを可能にしたと考えられる。

■ 4-1-2 ■　「子どもの科学」の要素

　オズボーンは，LISP により，「子どもの科学」の要素を「言葉の問題」と「直観的な考え方」の2点にあることを明らかにした。「言葉の問題」とは，言葉が曖昧性（vagueness）と多義性（ambiguity）を持つことに起因する問題である[26]。すなわち，日常的に人々が使用している言葉は曖昧なので，1つの意味にのみ限定されず，使われる状況によって異なる意味で用いられることを指す。たとえば，科学的には人間は「動物」に分類されるが，日常的な言葉の感覚から言えば「動物」とは考えられていないといったことである[27]。

　オズボーンによれば，曖昧性と多義性は，学習者が幼児期から各々独特の自然観の中で，科学に関する言葉の多様な意味を作り出していることに原因があると指摘する。このことから，オズボーンは教師が授業で用いる言葉に同様の問題が存在すると注意を促すのである。つまり，教師が使用する言葉に対して学習者は教師と異なる意味で捉えており，そのために教師の意図しない形で学習者に理解されている場合があると指摘したのである[28]。

　次に，「直観的な考え方」についてである。オズボーンは，「事例面接法」による「力と運動」についての調査結果をもとに，次の2点を指摘した[29]。1つは，学習者は「人間中心的な考え方」をする傾向があること。もう1つは，それは昔の科学者の考え方と似通っているということである[30]。この調査により，たとえすでに物理を学んでいたとしても，学習者は直観的な考え方を放棄していないことが明らかになった。オズボーンは，「力は物体の中にあり，運動の方向に作用する」といったような直感的な考え方は，「ビュリダン派（Buridan）の14世紀のパリの物理学者によって広く指示された考え方」と同様であると指摘する[31]。さらに，オズボーンはこの学習者の考え方が，どの程度の年齢の生徒たちに行き渡っているかについて，すでに物

理を学び終えている 16, 17 歳を対象に含めた調査を行った。その調査問題と結果を図 1-2 に示す。これより 16, 17 歳の生徒たちは非ニュートン的な考え方を保持している。このように，すでに物理を学んでいる生徒でも「物体を動かし続けるには，力を加え続けなければならない」という非ニュートン的な考え方を保持していることを明らかにした。

ここで間違った考えは，学習者が「力」と「運動量」を混同しているために起こっているとオズボーンは指摘する。つまり，学習者が保持する「物体を動かし続けるには，力を加え続けなければならない」という考え方における「力」は「運動量」であって，「運動量」は科学的には「力」とは見なされない。このように，力と運動に関する科学的概念の形成を困難にする要因が，学習者の「直観的な考え方」による「運動量」と「力」の混同にあると，鋭く指摘した。さらに調査を重ね，学習者の非ニュートン的である「直観的な考え方」は，「摩擦」や「重力」といった他の物理に関する概念についても見られることを示した[32]。

では，この誤解を持つ学習者はさらに複雑な力学概念を学ぶ際，どのように理解するのであろうか。オズボーンは「重力」を事例に，次のように説明する。「学習者にとって『重力』とは，地球の表面より高くなるにつれて増加するもの」なのである。それは，「物体が高いところから落ちれば落ちるほど『より速く落ちるようになる』から，低いところから落ちるよりもいっそう衝撃が強くなる」という事実となんら矛盾がなく，したがって高くなるにつれて「多くの重力が働いているに違いない」と理解する[33]。このように，学習者が新しい科学的概念を学ぶ際に，たとえ非ニュートン的な考え方をもっていたとしても，学習者は自分なりの解釈でそれらと整合性をもつように新しく学んだ概念を構築する。そのため，より複雑な概念を形成するのになんら支障がない。これを，オズボーンは，調査結果から立証したのである。そこでは，学習者にとっての整合性や論理の一貫性という視点が重要な意味を持つ。

4-1-3 ピアジェ批判

オズボーンは，LISP の成果を根拠に，学習者の年齢には特有の思考様式

があるといったピアジェの「発達段階説」の問題点を指摘した。これに関し，オズボーンは以下のように述べる。LISP においては，「学習者の年齢に関連した認識変化がいくつかの事例で見られた」。しかしながら，「年齢に応じた自己中心性や擬人観的説明の減少，及び抽象的仮説的説明の増加以外，（ピアジェの言うところの）発達段階に応じた傾向を見いだすことはできなかった」。たとえば，「ある年齢層において学習者が様々な多様な考え方を持つ」という事実は「発達段階理論」ではあり得ないことになる[34]。つまり，LISP により明らかにされた「子どもの科学」の特質は特別に斬新なものではなく，ピアジェ以降多くの理論家によって指摘されてきたことであり，ピアジェのアニミズム，自己中心性，思考と言語の関係に関する初期の研究成果等は，理科の授業を構想する際，未だに大きな意味を持つ。しかし，学習者がいかにして独自の考えを持つようになるのか，なぜ彼らの考えは修正が困難なのかという問題は，研究対象の多くを「発達段階説」に限定してしまっているピアジェ流の研究では，十分解明できないとオズボーンは指摘する[35]。

　以上のような LISP の成果を基に，オズボーンは「子どもの科学」によって概念の形成が困難になる要因を，言葉の曖昧性と多義性，および，科学的概念の形成過程で学習者にとって整合性と論理の一貫性がはかられていることに見いだしたのだった。

4-2　オズボーンの理論

　では，この困難を乗り越え，「子どもの科学」が科学的概念に変容するにはどのようにしたらよいのだろうか。これについて，オズボーンは，科学的概念の形成に必要な条件を提案した。これらは，理科授業における学習者を主体とした考え方を前提としており，そこにはフェンシャムの「生徒優勢論（student dominance）」の影響が見られる[36]。つまり，学習者を主体とする考え方である。

［ 4-2-1 ］　「学ぶ必然性」の獲得

　オズボーンは，学習者の「直観的な考え方」と授業の関係に関する論考を

ふまえて，科学的概念の形成に必要な条件を２つ提案している。

第１は，科学的概念の形成において，学習者が「学ぶ必然性」を持つことである。これは，ポスナー（Posner, G.J.）らの言説に依拠する。「学習者が自分の考え方を変えるのは，現在持っている考え方の何らかの点に不満を覚えている場合」である。「もし彼らが自分の考え方の代わりに利用できるような魅力的な考え方があれば，それを拒否するとは限らない」。それには，次のような３つの条件が必要である。①学習者にとって「よくわかること（intelligible）」。すなわち「論理的でかつ内面的に首尾一貫している」ことである。②学習者にとって「もっともらしく思われること（plausible）」。すなわち「子どもが既有の他の考え方と調和させることができる」ことである。③学習者にとって「効果的であること（fruitful）」である[37]。

さらに，オズボーンはヒューソン（Hewson, P.W.）の主張を引用し，こう述べる。科学的概念に関する「ある観点から他の観点へのいかなる変化も，ゆるやかな過程でならなければならない」[38]。そして「新しい考え方は，それがさらによくわかるようになったり，さらにもっともらしく思えるようになったり，さらに効果的になったりするにつれて，次第に地位を確立するようになる」[39]。つまり，新しく学んだ考え方が学習者の論理において，もっともらしく有効であると学習者が得心することで，学びに必然性をもたらし，科学的概念の形成を促すとオズボーンは主張したのである。

本論文では，これを，学習者による「学ぶ必然性」の獲得と名づけることとする。この考え方は，オズボーンの「構成主義」における特質と考える。

第２は学習者の既有の考え方を明らかにすること，および，それらと科学者の考え方とを比較させることである[40]。なぜならば「我々は教師として，子ども達が現在持っている考え方を科学者達の考え方に変化させたり，さらには科学的な見方へと発展させ，あるいは，彼らのかなり初期の考え方と関連させたり，関連させられることができるような補足的な見方が得られるようにしたい」からであると述べる[41]。このように，オズボーンは「子どもの科学」の特性をふまえ，科学的概念の形成条件を明らかにした。そこでは，学習者が「学ぶ必然性」を獲得するための教師の役割が示された。

4-2-2　学習者主体

　オズボーンは，ギルバートやフェンシャムと共に行った「生徒と教師との
やりとりに関する研究」をもとに[42]，理科学習における多くの問題の根本原
因は，「精神白紙説」と「教師優勢」という2つの考え方にあると指摘し
た[43]。これまで授業を構想する際に，学習者を主体にするという考え方が見
落とされてきた背景には，この2つの考え方の存在があったというのであ
る。

　オズボーンによれば，学習者主体とは，理科学習において「子どもの科
学」が支配的な役割を果たすことを意味する。さらに，学習者の考え方は彼
らの全生活時間における経験に基づいているので，数時間の授業で容易に修
正されたり別の見方へ変えられたりすることはないとオズボーンは指摘す
る[44]。したがって，理科学習の中心にある学習者の考え方に注目し，授業を
構想する必要があり，その際学習者主体という考え方を前提とすることは必
然になるのである。

　さらに，オズボーンは，「理科教育の目的は，学習者の考え方を，有用で
使用しやすい形に変えながら，彼らの世界についての理解を可能にしていく
ことにある」と述べる。「ところが，学習者は（中略）学習した内容と彼ら
の生活している世界を関連することができる，首尾一貫した自然認識の世界
を作り上げている」と続ける[45]。したがって，オズボーンによる理科教育の
目的を達成するためには，学習者主体の考え方に基づき，授業において，
「新しく学んだ考え方が学習者の論理において，もっともらしく有効である」
と学習者が自覚するための方略，すなわち，先ほど述べた「学ぶ必然性」を
学習者が獲得するための方略が必要となろう。つまり，学習者が自分の考え
方を自覚するための方略を獲得できるような授業を構想することをオズボー
ンは主張したのである。

　このように，オズボーンが，授業を構成する際に科学的概念の形成過程に
着目した背景には，学習者主体という考え方があった。これは，学習者が主
体的に自分の考え方を自覚できるようにする授業の構想を目指したオズボー
ンの考えによるものと考えられる。それは，科学的概念の形成を困難にする

要因が，「子どもの科学」の特性である言葉の「曖昧性」と「多義性」，および，学習者の「直観的な考え方」にあることと，それらを乗り越えるには，学習者に「学ぶ必然性」の獲得を促す必要があることを明らかにしたことによって，オズボーンが導き出した結論であった。

5　授業とカリキュラム

　オズボーンによれば，教師がすべきことは学習者の年齢に応じた授業ではなく，学習者の考え方を変容させるような授業である。これは，言い換えれば「学習者にその責任を負わす」ことになるが，「学習経験の組織化やその提供は教師の責任である」[46]。「学習者に提示される内容が，彼らの既有の考え方よりも，わかりやすく，得心がいき，まことしやかで，有益であるものであれば，これらの内容は彼の中で容易に把握されうる」とし，学習者の既有の考え方は，授業やカリキュラム編成における教師やカリキュラム編成者の支援によって変容可能であると主張する[47]。ここでは，その授業とカリキュラムについて詳しく見ていく。

5-1 「認知的方略」の形成を目的とした授業論

5-1-1　自己評価による「認知的方略」の獲得

　先ほども述べたように，オズボーンは，学習者が理科教育で育成すべきものは，自分の考え方を自覚する能力であるとした。ホワイトはこれを学習者による「認知的方略（cognitive strategies）」と名づけた。これは，LISP におけるオズボーンらの研究成果をふまえ，ホワイトが理科学習で形成される能力として提案したものである[48]。

　学習者の「認知的方略」を育成する授業を考えるにあたって，ホワイトは，「認知的方略」が適切な学習環境のもとで伸長する可能性があることに注目した[49]。具体的には，学習者が「『どんなことやったの？』，『そんなふうに考えていいのだっけ？』」というような，学習者に自発的に考えさせるよ

うな発問をすること」を重視したのである[50]。これは，オズボーンがLISPで用いた質問と一致する。つまり，これらの問いには学習者に「認知的方略」を獲得させるというねらいがあったと言える。

「認知的方略」は，特定の教科に固有のものではない。学習課題を明確化する，学習の目標を決める，熟考する，一般化する，別の考え方を受け入れる等の，思考上の手続きがその要素となる[51]。ホワイトは，この方略が活用される場面として，学習者による「学習状況の評価」を提案する。

ホワイトによれば，学習者が学習状況を評価するとは「そこに意味を見いだす」，「目標を明確にする」ことを指す[52]。つまり，自己評価によって，理科授業において自分が何をしたいのか，あるいは何をするように求められているのかといったような学習目標を明確化したり，自分の考え方を自覚化したりするといった「認知的方略」が獲得されるということである。これは，「学習者にとって学習の意味を感じ取り，その後の学習に対する方向性を見つける」という堀による自己評価の考え方と重なる[53]。

以上より，「認知的方略」の育成には，自己評価とLISPで用いた質問が授業において有効であることが明らかになった。

5-1-2 教師の支援

では，教師の支援はどのように位置づけられたのであろうか。オズボーンが提案したのは，学習者の理解において首尾一貫した科学的全体像（scientific perspective）として得られる「生徒の科学（student's science）」を形成するモデルである（図1-3）。

授業では「子どもの科学（S_{ch}）」に対し，科学者共同体の合意によってもたらされた意味を「科学者の科学（scientist's science, S_{sc}）」とする。それは，カリキュラム設計者によって教授内容に含めるために選び出されたり，教科書でとりあげたりすることにより，「カリキュラムの科学（curricular science, S_{cr}）」になる。この「カリキュラムの科学」が教師の考え方を通すことで「教師の科学（teacher's science, S_t）」が作り出される。したがって，授業では「教師の科学」と「子どもの科学」の相互作用によって「生徒の科学（student's science, S_{st}）」が生まれることになる。オズボーンらによれば

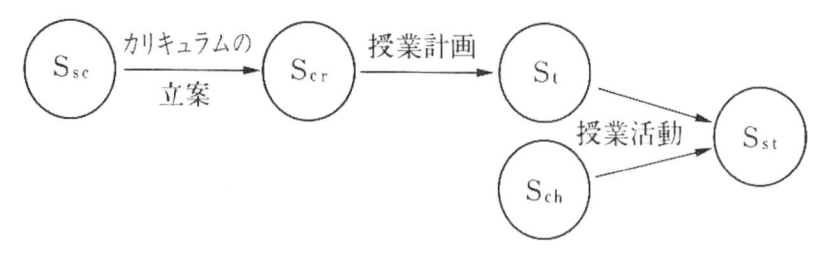

図 1-3 「生徒の科学」への変容過程モデル

出典：ギルバート・ワッツ＆オズボーン（1994）「事例面接法による生徒の認識調査」進藤公夫
〔監訳〕『認知構造と概念転換』東洋館出版社，p.26.

「子どもの科学」が科学的概念に修正されるかどうかは，教師の科学に関する見解」に大きく関係する。なぜならば，教師それぞれの多種多様な考え方が，理科の指導計画や教材研究に関係するからである[54]。つまり，ある単元において授業を構想する際，学習者の既有の概念を科学的概念に変容させるために必要な教材の選択や学習者の考え方に即した指導計画は，授業を担当する教師自身が行うことになる。ここでの教師の論理を「教師の科学」と名づけた。

オズボーンによれば，このモデルは「学習者が理解し（understand），価値を認め（appreciate），生活や仕事の場に関連することで成立する」[55]。このように「子どもの科学」を「生徒の科学」に導くには，「教師の科学」に基づく教師の支援が，学習者にとって首尾一貫していて，もっともらしく，効果的であるといった，学習に必然性をもつような支援でなければならない。つまり，「子どもの科学」が「生徒の科学」に変容する過程において，もし学習者が学ぶ必然性を獲得する条件が満たされていなければ，「教師の科学」と「カリキュラムの科学」は，その考え方を変更せざるを得ない。

このように，オズボーンの「構成主義」は，「子どもの科学」に依拠した教える側の論理を問い直すものだったと考えられる。これは，「学ぶ必然性」の獲得と同様，オズボーンの「構成主義」の特質と言えよう。さらに，「教師の科学」を再考する際は，あらかじめその考え方を明確にしておく必要がある。なぜならば，「教師の科学」のどこに問題があったのかを明らかにす

る必要があるからである。以上の理由で，LISP において教師が面接対象に含まれたのだった。

5-2 オズボーンによるカリキュラム論

オズボーンは，当時のカリキュラム上の問題を 2 点指摘した。単元内容の順序に関わる問題と学習者主体の考え方に関わる問題である。単元内容の順序に関わる問題とは，理科授業における単元の内容領域は，その内容の表現の仕方に関して，唯一の論理的順序性を持っている点である。たとえば，物理学の中で，「変位と速度」についての考え方は，いつも「加速度」の考え方よりも先に教えられている。また，それと同様に「速度と質量」の考え方は「運動量」よりも先に教えられている。これはカリキュラム開発者や教科書執筆者が利用する単元内容の階層的順序性が，次のような無意識的な前提にあることに基づく。それは，「学習者が持っているような非科学的な概念は，伝統的な科学的な考え方の学習に対してなんら重要な影響を与えることはない」という仮説である。この仮説は間違っているとオズボーンは断言する。その上で「学習者の直観的な考え方が突き止められるならば，もっと首尾よく直接的に科学的な見方を学習者たちが受け入れるような単元内容の順序を提案することが十分に可能である」と述べる[56]。たとえば物理の授業において，それまで「運動量」の単元は「力と運動」よりも後に学習するように設定されていた。このことが，「力と運動」に関する科学的概念の形成を困難にすることが立証されていたのである[57]。

次に，学習者主体の考え方に関わる問題である。授業構想の前提となる学習者主体という仮定は，以前にはカリキュラム開発において見落とされがちであった。実際に「子どもの科学」の存在は，無視されるかせいぜい付け足し程度にしか考えられてこなかったのである。さらに，多くの理科カリキュラムの背景にある考え方は，学習者は学習課題となる話題について何の知識も持ち合わせていないという「精神白紙説」を踏襲していると批判する[58]。これは，言うまでもなく LISP の調査結果を根拠としたオズボーンらの立場であった。

6 結論

　以上より，次のような結論を得た。オズボーンの「構成主義」における特質は，次の2点にある。

　1つは，学習者に「学ぶ必然性」を獲得させることで科学的概念の形成が可能になるとしたこと，もう1つは，その結果教える側の論理が問われることである。

　その構造は次の通りである。「学ぶ必然性」は，学習者が「子どもの科学」を自覚し，それが科学的概念に変容する過程を認識することで獲得される。学習者が自分自身の概念の変容過程を認識するには「認知的方略」が必要になる。したがって，教師は「教師の科学」に基づく授業により，学習者に「認知的方略」の育成を図る。つまり，学習者が「学ぶ必然性」を獲得するかどうかは，「教師の科学」に依拠することになる。このようにして「教師の科学」，すなわち教える側の論理が問われることになるのである。

　以上より，授業において，学習者の概念の形成過程の自覚化という視点を重視することにより，学習者は理科を「学ぶ必然性」を獲得し，それに基づき，教師は自己の論理を問い直す，言い換えれば「授業改善」を可能にすることが明らかになった。

　ここに「構成主義」的な学習論に基づく概念の形成過程の自覚化という視点の定義があることが明らかになった。

註，および，引用・参考文献

1　それは，1988年におけるオズボーンらの著書 Learning in Science の森本信也と堀 哲夫の訳出によるものであった。

2　ただし，オズボーン自身は明確に構成主義の立場であるとは表明していない。

3　Osborne, R. & Freyberg, P. Learning in Science, Heinemann, 1985, p.1. なお，森本信也・堀 哲夫訳『子ども達はいかに科学理論を構成するか—理科の学習論—』（東洋館出版社，1988年，p.7）参照（以下，Osborne & Freyberg, 1985 ＝邦訳，1988年と記す）。

4 Gilbert, J. K., Watts, D. M., & Osborne, R., Eliciting student views using an Interview-about-Instances technique. In West, L. H. T. and Pines, A. L.（eds.）*Cognitive structure and conceptual change*, Academic Press, 1985, p.11. なお，森藤義孝訳「事例面接法による生徒の認識調査」進藤公夫〔監訳〕『認知構造と概念転換』（東洋館出版社，1994 年，p.25）参照（以下，Gilbert, Watts & Osborne, 1985 ＝進藤〔監訳〕邦訳，1994 年と記す）。

5 理科においては，帰納主義の他に演繹的な方法で授業が進められる場合も多い。これは，まず科学の原理・原則を学習しそれらを具体的な現象に適用して理解していく方法である。この場合は，学習者の既有の考え方が取り入れられる余地はないと考えられる。

6 こうした考え方は，周知のごとく広く展開されてきたし，現在でも広く容認されていると思われる。

7 堀 哲夫『教育評価の本質を問う 一枚ポートフォリオ評価 OPPA 一枚の用紙の可能性』東洋館出版社，p.56，2013 ／堀 哲夫・西岡加名恵（2010）「授業と評価をデザインする 理科」日本標準，pp.224-225.

8 森本信也（2000）「構成主義的理科学習論の教育実践への寄与とその発展のための課題」日本理科教育学会編『理科の教育』Vol.49，No.1，東洋館出版社，pp.4-5.

9 Fensham, P.（2004）*Defining an identity: The evolution of science education as a field of research,* Dordecht: Kluwer, p.52.

10 その知見とは，以下に示すものである。Ausubel, D. P.（1976）*Educational psychology: A cognitive view. New York: Holt, Rinehart,* Winston, 1968/Barnes, D. From communication to curriculum, Harmondsworth: Penguin Books.

11 Gilbert, J. K.（2009）Roger Osborne（1940-1985），University of Waikato, New Zealand. *Cultural studies of science education,* Vol.4（2），p.316.

12 Osborne & Freyberg, 1985, p.3 ＝森本・堀〔訳〕，1998，p.11.

13 Gilbert, J. K., *op. cit.,* p.316.

14 Ritchie, S. M.（2009）ASERA: an uncontroversial evolution. *Cultural studies of science education,* Vol.4（2），p.259.

15 稲垣成哲（1995）「監訳者あとがき―知の多様な表現を基底にした教室を目指して―」R. T. ホワイト・R. ガンストン（中山迅，稲垣成哲監訳）『子どもの学びを探る知の多様な表現を基底にした教室をめざして』東洋館出版社，p.231.

16 Gilbert, J. K., *op. cit.,* p.317.

17 *Ibid.,* p.318.

18 Bell, B. (1987) Science curriculum development in New Zealand a historical account. *Research in Science Education,* Vol.17 (1), p.244.

19 狩野高信・松本伸示（1995）「ニュージーランドの理科教育—理科カリキュラム改革における構成主義的観点を中心として—」日本教科教育学会誌，Vol.18 (2)，p.26.

20 Bell, B., *op. cit.,* p.244.

21 Osborne & Freyberg, 1985, p.151 ＝森本・堀〔訳〕，1988, p.220.

22 Osborne & Freyberg, 1985, p.6, 8 ＝森本・堀〔訳〕，1988, p.15, 18.

23 Osborne & Freyberg, 1985, p.166 ＝森本・堀〔訳〕，1988, p.239.

24 Osborne & Freyberg, 1985, p.152 ＝森本・堀〔訳〕，1988, pp.221-222.

25 Osborne & Freyberg, 1985, p.113 ＝森本・堀〔訳〕，1988, p.166.

26 Gilbert, Watts & Osborne, 1985, pp.13-15 ＝進藤〔監訳〕，1994, pp.28-31.

27 Osborne & Freyberg, 1985, p.32 ＝森本・堀〔訳〕，1988, p.51.

28 Osborne & Freyberg, 1985, pp.33-36 ＝森本・堀〔訳〕，1988, pp.53-58.

29 Osborne & Freyberg, 1985, p.41 ＝森本・堀〔訳〕，1998, p.64.

30 Osborne & Freyberg, 1985, pp.42-47 ＝森本・堀〔訳〕，1988, pp.65-72.

31 Osborne & Freyberg, 1985, p.46 ＝森本・堀〔訳〕，1988, p.71.

32 Osborne & Freyberg, 1985, p.47 ＝森本・堀〔訳〕，1988, p.72.

33 同上.

34 Osborne & Freyberg, 1985, pp.84-85 ＝森本・堀〔訳〕，1988, p.126.

35 Osborne & Freyberg, 1985, p.13 ＝森本・堀〔訳〕，1988, p.24.

36 Fensham, P. J. (1980) A Research Base for New Objectives of Science Teaching, *Research in Science Education,* Vol.10, pp.23-33.

37 Posner, G. J., Strike, K. A., Hewson, P. W. and Gertzog, W. A. (1982) Accommodation of a scientific conception: toward a theory of conceptual change. *Science Education,* Vol.66 (2), pp.211-227.

38 Hewson, P. W. (1981) A conceptual change approach to learning science. *International Journal of Science Education,* Vol.3 (4), pp.383-396.

39 Osborne & Freyberg, 1985, p.48 ＝森本・堀〔訳〕，1988, p.74.

40 Strauss, S. Cognitive development in school and out, *Cognition,* Vol.30, pp.295-300.

41 Osborne & Freyberg, 1985, p.47 ＝森本・堀〔訳〕，1988, p.73.

42 Gilbert, J. K., Osborne, R. J., & Fensham, P. J.（1982）Children's science and its consequences for teaching. *Science Education,* Vol.66, No.4, pp.623-633.

43 Osborne & Freyberg, 1985, pp.86-87 ＝森本・堀〔訳〕，1988, pp.128-129.

44 Osborne & Freyberg, 1985, p.86 ＝森本・堀〔訳〕，1988, p.128.

45 Osborne & Freyberg, 1985, p.88 ＝森本・堀〔訳〕，1988, p.131.

46 Osborne & Freyberg, 1985, pp.85-86 ＝森本・堀〔訳〕，1988, p.127.

47 Osborne & Freyberg, 1985, p.84 ＝森本・堀〔訳〕，1988, p.126.

48 White, R. T.（1988）*Learning Science,* Basil Blackwell, p.78. なお，堀 哲夫，森本信也〔訳〕（1990）『子ども達は理科をいかに学習し教師はいかに教えるか：認知論的アプローチによる授業論』東洋館出版社，p.114 参照。以下，White, 1988 ＝森本・堀〔訳〕，1990 と記す。

49 White, 1988, p.78 ＝森本・堀〔訳〕，1990, p.114.

50 White, 1988, p.86 ＝森本・堀〔訳〕，1990, p.125.

51 White, 1988, p.83 ＝森本・堀〔訳〕，1990, p.120.

52 White, 1988, p.84 ＝森本・堀〔訳〕，1990, p.121.

53 堀は，これまでの自己評価の問題点を指摘し，その上で学習者による自己評価の機能としてメタ認知能力の育成をあげている。堀 哲夫（2003）『学びの意味を育てる理科の教育評価』東洋館出版社，p.54.

54 Gilbert, J. K., Osborne, R. J., & Fensham, P. J., *op. cit.,* pp.627-628.

55 *Ibid.,* pp.630-631.

56 Osborne & Freyberg, 1985, p.48 ＝森本・堀〔訳〕，1988, pp.74-75.

57 オズボーンらは，力と運動に関する科学的概念の形成を困難にする要因が，学習者の直観的な考え方に基づく「運動量」と「力」の混同した考え方にあることを明らかにした（Osborne & Freyberg, 1985, pp.48-50 ＝森本・堀〔訳〕，1988, pp.75-77）。

58 Osborne & Freyberg, 1985, p.86 ＝森本・堀〔訳〕，1988, p.128.

「構成主義」に基づく，概念の形成過程を重視した自己評価を成立させるための理科授業

1 本章の目的，および，研究の手順

　本章では，「構成主義」的な学習論に基づく，概念の形成過程の自覚化を重視した自己評価を成立させるための理科授業を明らかにする。

　具体的には「生成的学習モデル」を中心に，授業論の要件として，オズボーンによる学習論，授業の目的論，そして，その具体的な方法論の3点を明らかにすることで，「生成的学習モデル」を探究する。

　「生成的モデル」に注目した理由は次の通りである。「生成的学習モデル」は，ウィットロック（Wittrock, M.C.）が提案した「生成的学習論（generative learning）」の考え方[1]と情報処理理論を結合し提唱された[2]。理科教育ではオズボーンとウィットロックにより深められた[3]。

　「生成的学習モデル」は，序論で明らかになった課題を克服する上で大きな示唆を与えると考える[4]。それは，次の2点にある。

　第1に，「生成的学習モデル」が「構成主義」的な学習観に基づいた，学習者主体の学びを促す提案であること。

　第2に，オズボーンらは「生成的学習モデル」のための授業モデルを「授業の順序とこれに関連した教師の方策」といった現場における具体的な形で提案されたことである[5]。したがって，「生成的学習モデル」の検討により，授業の具体的な方法論を議論する際に重視すべき理論と実践を結ぶ視点が明らかになり，その結果，学習論と授業論を結ぶ視点の実践と理論を連続したものとしての提案を可能にすると考える。

　研究の手順は，次の通りである。

　まず，「生成的学習モデル」を整理する。

　次に，オズボーンらが注目した「三段階モデル」の要素を明らかにする。さらに，LISP により明らかになった知見を整理する。

　最後に，以上より，授業を考える上で，重視すべき点を明らかにする。

2 「生成的学習モデル」とは何か

ここでは，「生成的学習モデル」の構想に至る経過を整理し，「生成的学習モデル」とは何かを明らかにする。

2-1 生成的モデルの構想

オズボーンらの知見の多くは，ニュージーランド教育省からの依頼を受けて実施された LISP での取り組みによるものであった[6]。「生成的学習論」とは，「学習者は，視覚，聴覚，臭覚などを通して入力された情報から，能動的に意味を構成（construct），あるいは生成（generate）する」という理論である[7]。オズボーンがこのような考え方に注目した背景には，第1章で明らかになったオズボーンの問題意識が存在する。このような問題意識に基づき，「生成的学習モデル」は誕生した。

オズボーンは，LISP の結果を基に，「子どもの科学」と名づけた生徒の直感的な考え方や生活経験による概念の存在とその授業への影響を明らかにした。このようにして，オズボーンらは「生成的学習モデル」を構想した。

2-2 概念の形成過程に注目した学習モデル

「生成的学習モデル」は，次のような学習者の概念の形成過程に基づいて考案された。

まず，学習者は，学習により得られた情報の中から学習者が意図的に選択し，それらを自分の元々持っている概念と結びつけて新しい概念を構成していく。そして，その意味の吟味を重ねていく[8]。注視すべきは，これが学習者一人ひとりの頭の中に元々持っている考え方の枠組みで行われていることである。

オズボーンらは，これによって学習者による科学的概念の形成が困難であることが明らかになったと述べる。しかし，その事実をふまえた上で，学習者の概念や考え方を理解するといった教師の高度な技能により，どのような

内容であれ科学的概念の形成を促す授業は可能になると主張する[9]。

　そこでは，学習者の「入力された感覚情報と今保持されている考え方の結びつきの生成」，「能動的な意味の構成」，「新しい考え方の検証と包摂」の3点を援助する理科授業を実施することが重要だというのである[10]。これにより学習者の既有の概念や考え方が変容していくことになる[11]。この3点は，「生成的学習モデル」の要素と考える。さらに，LISPは，独自に作成した調査問題を使って，教師や研究者が学習者と対話的に行う調査方法で実施されたのであるが[12]，これが，理論と実践を接続する視点を生み出したと考えられる。

　以上より，「生成的学習モデル」は，概念の形成過程に注目した学習モデルであるであることが明らかになった。それは，理論を実践に生かす視点を重視したものであった。

3　オズボーンらが注目した「三段階モデル」の要素

　「生成的学習モデル」は，当時すでに提案されていた授業モデルに基づいて考案された。オズボーンらが注目したのは「三段階モデル」であった。理科授業を「三段階モデル」で提案した事例として，オズボーンらは，レナー（Renner, J.W.），カープラス（Karplus, R.），ナスバウムとノビック（Nussbaum, J. and Novick, S.），エリクソン（Erickson, G.L.），そしてバーンズ（Barnes, D.）をあげている（図2-1）。これらに共通するのは，「理科学習とは，学習者が学習前に獲得している科学者とは異なる学習者の認識における枠組みに対する認知的調節の過程である」という原理であった[13]。この学習観に基づき提案された授業が「三段階モデル」であった。ここでは，オズボーンらが「生成的学習モデル」を構想する際に注目した5つの「三段階モデル」に焦点をあて，そこからオズボーンらが何を重視したのかを抽出する。

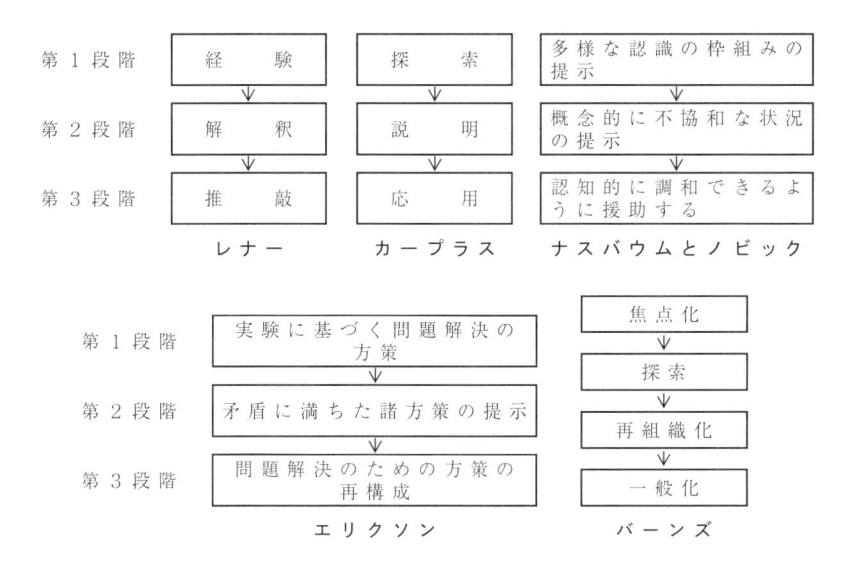

図2-1　理科授業における主な三段階モデル

(注) バーンズは四段階を提案しているが，他と比較するため筆者が加筆修正した。

3-1　学習者自身による意味の構成に注目したレナーのモデル

　ここでは，レナーが提案した学習理論（学習理論B）を，当時一般的に行われていた授業の背景にあった理論（学習理論A）と比較したレナーの論考を検討し，オズボーンらがレナーのモデルの何に注目したのかを明らかにする。

　レナーは2つの学習理論をとりあげ，それぞれを次のように説明する（図2-2）。

　2つの学習理論は異なる仮定に基づいている[14]。まず，学習理論Aは，理科授業において必要な概念は学習者に与えられなければならないという仮定に基づいており，授業の目的は，学習者に教師の意図した内容を習得させることであった。これは，当時の理科教育において一般的に行われていたものである。

　次に学習理論Bである。これは，学習者は適切な「経験」を獲得するこ

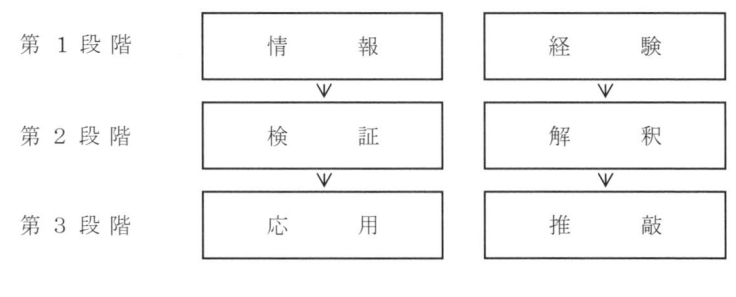

**図 2-2　これまでの学習理論 A と概念の形成過程に注目した学習理論 B との
レナーによる比較**

出典：Renner, J.(1982) The power of purpose, *Science Education*, 66(5), pp.711-713. より筆者作成。

とによって主体的に学んでいくことができる存在であるという仮定に基づいている。その目的は，教師の導きにより，学習者が科学的概念の理解を自ら調整することにあるとレナーは述べる [15]。

　オズボーンらは，レナーの主張を以下のように整理する。これまで伝統的に行われてきた学習理論 A に基づく授業の多くは，伝達，伝達事項の確認，そして実践という単なる訓練過程であり，その限界は明白である。生成的学習の観点から考えると，この授業は学習者の「経験」から意味を作り，「解釈」し，「推敲」するという重要な活動を省いている [16]。

　このように，オズボーンらはレナーの主張する学習理論 B を支持し，授業における学習者の「経験」と概念の形成過程という視点に注目し，学習者自身による意味の構成という視点を重視した。

3-2　自己調節を促す「学習サイクル」に注目したカープラスのモデル

　カープラスは，学習者の認知発達に関心を持っていた人物である。カープラスによれば，理科学習は学習者が新しい推論パターンを形成する自己制御の過程であるべきであり，これは学習者が自然現象や他の者の考え方と相互作用した結果として現れるものであると主張する [17]。

カープラスの提案した「三段階モデル」は，以下の通りである。第1段階は，学習者が最小限の指導の下で自分自身の活動を通して学習をするという探索活動（exploration）である。この段階で学習者は，既有の概念や考え方では答えることができないいくつかの疑問を提起することが求められる[18]。第2段階は，概念の導入（concept introduction）である。学習者が自分の考え方を応用できるような新しい概念が教師による教科書や映像を用いた説明によって供給される[19]。第3段階は，概念の応用（concept application）段階である。新しい概念が新しい状況に応用され，さらに，その応用範囲が広げられていく必要がある。そのために学習者に自己制御の時間と経験が与えられる。この段階では，学習者の概念の形成過程における問題を確認し，それらを分析することが特に重要であるとカープラスは述べる[20]。

　このように，学習は概念の形成過程において新しい概念と考え方が学習者において整合性をもつようになるまで繰り返し行う「学習サイクル」によってなされるとカープラスは主張した。オズボーンは，カープラスの提案するモデルを興味ある「特殊な学習サイクル」と名づけ，授業における重要な活動と位置づけた[21]。

3-3 学習者による認知の枠組みの自覚を重視したナスバウムとノビックのモデル

　ナスバウムとノビックの提案は，理科学習は学習前に獲得している科学者とは異なる学習者の認知の枠組みに対する認知的調節の過程であるという原理に基づいている[22]。ナスバウムらは学習者の既有の考え方が授業における教師の意図する内容に大きく関わると主張する[23]。

　認知的調節を促進する重要な最初のステップはすべての生徒たちに自分自身の既有の考え方を認識させることにあり，それは学習者に彼らの既有の考え方を解釈させるような形で事象が提示されるならば容易に達成されるとナスバウムらは指摘する。すなわち，概念の形成過程において認知的調節を起こすことは，学習者の（科学者とは異なる固有の）認識の枠組み（alternative framework）を明らかにする第一歩となる[24]。また，クラスの仲間の考

え方の良い点や悪い点について互いに意見を交わすよう求められることも認知的調節を促進するとナスバウムらは主張する。このような他者の多様な見方を認識するといった活動によって、「学習者が自分の既有の考え方に不満を覚える」、あるいは「教師が学習者に不満を覚えるよう導く」といった学習経験を与えることで認知的葛藤は生じやすくなる。この葛藤は、学習者に既有の考え方の修正の必然性を認識させるだけで十分であるとナスバウムらは述べる[25]。

オズボーンによれば、ナスバウムらの見解は、教師は学習者に彼らの考え方を自覚させるために、言語的、具象的に述べるよう促し、学習者の既有の考え方では説明できないことを学習者に認識させることができるよう学習者を援助することである[26]。

このようにナスバウムらは、学習者の概念の形成過程における認知的調節において、学習者による認知的枠組みの自覚を重視し、これらは、授業において互いに意見を交わすといった活動を取り入れることで、他者の多様な見方を認識することにより促されると考えたのだった。

3–4 学習者主体による概念の再構成を目指したエリクソンのモデル

エリクソンは、「熱と温度」の単元を事例に以下のような授業モデルを提案した[27]。

第1段階では、学習者に広い範囲の自然現象に慣れさせ、直感的考え方や信念とは何かを明らかにするために実験的策略（experimental maneuvers）と呼ばれるものが与えられる。この段階における活動は、学習者により深く彼ら自身の考え方について考察させるとともに、予測を可能にするための彼らの考え方を発展させるものである。

第2は、明確化に関する策略（clarification maneuvers）である。考え方の明確化は、観察や実験などの活動結果について、クラスやグループでの討論を通してなされる。ここでは、互いの異なる意見に関して他者と議論することが奨励される。

第3は，例外的策略（anomaly maneuvers）と呼ばれるものであり，そこには，学習者を予期せぬ結果へ導く内容が含まれている。すなわち，この段階では学習者が判断を保留せざるを得ない要素が導入されるので，学習者は自分自身の考え方を再構成する必要性にせまられる。

第4は，再構成的策略（restructuring maneuvers）と呼ばれるものである。ここでは学習者が予期しなかった結果へ自分の考え方を調整できるよう援助される。エリクソンによれば再構成化は，主にグループ討論や教師の適度な介入によってなされる。オズボーンらによれば，エリクソンは学習者が自らの考え方を明確化する際，学習者自身が主要な役割を果たすことの必要性を強調している[28]。

このように，エリクソンは学習者主体の考え方に基づく，概念の再構成を促す授業を提案した[29]。

3-5 認知的調節を促すためのグループ活動を重視したバーンズのモデル

最後にバーンズのモデルである。バーンズは，「気体の圧力」などいくつかの事例による検証をふまえ，次のような4段階の授業を構想した[30]。

第1は，焦点化の段階（focusing stage）である。これは，教師が生徒とともに学習の基礎を準備する段階である。ここでは，学習者は自分の考え方に焦点をあてるよう促される[31]。

第2は，探索の段階（exploratory stage）である。ここは多くの討論と実験を含む段階である。

第3は，再組織化の段階（reorganizing stage）である。これは，教師が生徒に再び自分の考え方に焦点をあてるよう促す段階である。具体的には学習者に，探索の段階における活動結果をどのように報告するか，そしてそのためには，どのくらいの時間が必要であったかを発言させることによってなされる。

第4は，一般化の段階（public stage）である。この段階では，学習者は互いに発見したものをクラスで発表する。このことがクラスの討論をさらに

発展させることになる。さらに，バーンズは学習者の概念形成における教師による影響を少なくするために，理科授業において学習者は主にグループで学習すべきであると主張した。

このように，バーンズは学習者が自身の認知の枠組みを自覚し，探索活動を通してそれらを再構成し一般化することにより認知的調節を促すといった授業を提案した。そこでは，バーンズは次の2点に注目した。1つは，学習者が自身の認知の枠組みを自覚するためには，学習者主体の学習が必要であること。もう1つは，その具体的な方略としてグループ活動が効果的な役割を果たすことである。

3-6 概念の形成過程に注目した「メタ認知」の育成

ここでは，これまでの「三段階モデル」の検討をもとに，オズボーンらが注目した理科授業における概念の形成過程という視点における要素を整理する。

「三段階モデル」に共通するのは，学習とは学習者の既有の概念や考え方と新しいものとの認知的調節の過程であるとする考え方であった。その上で，「三段階モデル」の要素は以下の2点に集約されると考える。

第1は，学習者の既有の概念や考え方を明らかにした上で，概念的葛藤を作り出すことで認知的調節が促進されるという考え方である。そこでの教師の果たす役割は，学習者に彼らの考え方を言語的，具象的に述べるよう促し，学習者の既有の考え方では説明できないことを学習者に認識させることができるよう援助することであった。

第2は，上記を達成させるための授業における学習者主体という考え方である。具体的には，授業において学習内容を日常や社会的な文脈に関連させ[32]，他者と議論する機会などを通して，学習者が自分の概念や考え方を自覚することで，科学的概念の形成が可能になるというものだった。

ここでいう「学習者が自分の概念や考え方を自覚すること」は，今日的に言えば「メタ認知」を意味すると考えられる。このように考えると，「三段階モデル」は「メタ認知」の育成を促す授業であり，冒頭で述べた米国学術

研究会議の報告書において提案された授業と共通するものと考えられる[33]。

4 LISP によって明らかになった知見

　ここでは，「生成的学習モデル」の構想に関連すると考えられる LISP による知見を整理し，オズボーンらが重視した点を明らかにする。

4-1 「子どもの科学（Children's Science）」から「生徒の科学（Student's science,）」へという学習論

　「第1章　5-1-2」で述べたように，オズボーンらは，カリキュラムや授業において「子どもの科学」が科学的な概念へ変換する過程について，授業における学習者の概念の形成過程に注目し，理科学習を「子どもの科学」を「生徒の科学」へと変容させる過程と考えた。

4-2 授業による「学ぶ意味」や「学ぶ必然性」の感得

　では，「子どもの科学」を「生徒の科学」に変容させるにはどのようにしたらよいのだろうか。これについて，オズボーンらは，「第1章　5-2-1」でも述べたように，「学習者が理解し，価値を認め，生活や仕事の場に関連することで成立する」[34]と主張する。つまり，「第1章　4-2-1」でも述べたように，授業において「学ぶ必然性」の獲得を促すといった教師の支援を行うことで「子どもの科学」は，変容可能であるというのである。

5 授業における概念の形成過程の 自覚化という視点

　ここでは，以上より，理科教育における授業のあり方を探究するために，オズボーンらによる学習論，授業の目的論，そして，その具体的な方法論の3点を明らかにする。これにより，理科教育の授業論における概念の形成過程の自覚化という視点の意義を整理したい。

5-1 「メタ認知」を重視したオズボーンらによる学習観

　オズボーンらが概念の形成過程という視点に注目したのは，学習とは「子どもの科学」，すなわち，学習者の既有の概念や考え方と，学習により得られた新しいものとの認知的調節の過程であるという学習観にあることが明らかになった。「生成的学習モデル」は，この学習観に基づき提案されたものだった。オズボーンらは，学習をこのように捉えたことで，授業において学習者が自身の考え方を自覚する力を重視したのだった。これは，今日的に言えば，授業における「メタ認知」の育成という視点を示すものと考えられる。

5-2 「学ぶ必然性」「学ぶ意味」の感得という目的論

　オズボーンらは，学習を「子どもの科学」を「生徒の科学」への変容の過程と捉え，学習者の既有の概念や考え方としての「子どもの科学」を重視した。その上で，「子どもの科学」が「生徒の科学」に変容するには，授業において「学習者が，理解し，学習の価値を認める」必要があると考えた。これは，先ほども述べたように，学習者による「学ぶ必然性」や「学ぶ意味」の感得と考える。その結果，科学的概念の形成がなされるのではなかろうか。この「学ぶ必然性」と「学ぶ意味」の育成が，オズボーンらによる授業の目的論と考える。

5-3 方法論に見られる実践と理論を結ぶ視点

オズボーンらが提案した授業は，授業設計や教師の役割に言及するなど，理論にとどまらない教師の具体的な方策という形で示された。たとえば，授業において他者と議論できるような機会を持つことである[35]。

その意義について，オズボーンは次のように述べる。議論を通して，学習者は，科学に対する自分自身の考え方を言語化できる。それは自分自身の考え方を明確化することを意味する。そして，たとえ議論の内容は覚えていなくても，議論を通して言葉の持つ多様性に触れた経験を通して，科学的なものの見方により興味を持ち，さらに科学的なものの見方と彼らの考え方がどのように違っているかを考えるようになる[36]。したがって，すべての局面において自分の考え方や他者の考え方を明確化し，「反省的思考」を促す活動が設定された[37]。

以上より，オズボーンらは，「生成的学習」のための授業とは，「メタ認知」の育成を促す授業であると考えたのではなかろうか。これらが，学習者が自身の学びの過程を確認することを可能にし，その結果，適切な概念や考え方の形成を促すと考える。ここに，授業論における概念の形成過程の自覚化という視点の意義があると考えられる。

6 結論

本章では，オズボーンらによる「生成的学習モデル」を中心に，概念の形成過程の自覚化という視点を重視した授業のあり方を明らかにした。

具体的には，「三段階モデル」と LISP の成果に焦点をあて，それぞれにおいてオズボーンらが「生成的学習モデル」を構想する際に重視した要素を明らかにすることで「生成的学習モデル」の論考を行った。その結果，授業を考える上で，重視すべき点として次の3点を導出した。

第1に，授業における「メタ認知」の育成である。

第2に，それは，授業において「学ぶ意味」や「学ぶ必然性」を学習者が感得することでなされると考えられることである。

　第3に，授業において，学習者自身による「反省的思考」を促すことである。これらは，オズボーンらの「メタ認知」を重視した学習論によるものであり，それは，学習者の概念の形成過程を重視することでなされた。

　これらは，理論と実践を接続する視点を明確にした形でなされた。このことが，学習論を授業論に活かすことを可能にしたと考えられる。

註，および，引用・参考文献

1　Wittrock, M. C. (1974). Learning as a generative process, *Educational Psychology*, 11 (2), pp.87-95.

2　Osborne, R. & Freyberg, P. (1985) *Learning in Science*, p.82, Heinemann. なお，森本信也・堀 哲夫訳『子ども達はいかに科学理論を構成するか―理科の学習論―』(1988) p.123，東洋館出版社参照。以下，Osborne & Freyberg, 1985 ＝森本・堀〔訳〕，1988と記す。

3　Osborne, R. J. & Wittrock, M. C. (1983). Learning Science: a generative process, *Science Education*, 67, pp.489-508.

4　このような視点で，「生成的学習モデル」を検討したものは，いくつか存在する。たとえば，遠西昭寿らの研究（遠西昭寿・加藤圭司，1992,「構成主義の限界はどこか」『日本科学教育学会研究会研究報』7 (1)，pp.7-10 や，丸山 博の研究（丸山 博，1992,「構成主義に基づく科学的概念形成論の批判的検討」『教授学の探求』，10，p.57である。

5　Osborne & Freyberg, 1985, p.108 ＝森本・堀〔訳〕，1988, p.159.

6　Osborne & Freyberg, 1985, p.3 ＝森本・堀〔訳〕，1988, p.11.

7　この考え方はケリー（George A. Kelly）やピアジェの考え方を補うものであるとオズボーンは説明する（Osborne & Freyberg, 1985, pp.82-83 ＝森本・堀〔訳〕，1988, p.123).

8　Osborne & Freyberg, 1985, pp.82-84 ＝森本・堀〔訳〕，1988, pp.123-125.

9　Osborne & Freyberg, 1985, p.86 ＝森本・堀〔訳〕，1988, p.127.

10　同上.

11 Osborne, R. J., & Wittrock, M. C. (1985). The generative learning model and its implications for science education, *Studies in Science Education*, Vol.12, p.67.

12 White, R. T. & Gunstone, R.. (1992) *Probing understanding*, Falmer Press, 1992, p.65. なお，中山 迅・稲垣成哲〔監訳〕(1995)「子どもの学びを探る　知の多様な表現を基底にした教室をめざして」東洋館出版社，p.88 参照。

13 Osborne & Freyberg, 1985, p.103 ＝森本・堀〔訳〕，1988, p.153.

14 Renner, J. (1982) The power of purpose, *Science Education*, 66 (5).

15 *Ibid.*, p.712.

16 Osborne & Freyberg, 1985, p.102 ＝森本・堀〔訳〕，1988, p.152.

17 Karplus, R. (1977) Science teaching and the development of reasoning, *Journal of Research in Science Teaching*, 14 (2), p.173.

18 *Ibid.*, pp.173-174.

19 *Ibid.*, p.174.

20 *Ibid.*

21 Osborne & Freyberg, 1985, p.103 ＝森本・堀〔訳〕，1988, p.152.

22 Osborne & Freyberg, 1985, p.103 ＝森本・堀〔訳〕，1988, p.153.

23 Nussbaum, J. and Novick, S. (1982) Alternative frameworks, conceptual conflict and accommodation: Toward a principled teaching strategy, *Instructional Science*, 11 (3), p.184.

24 *Ibid.*, p.187.

25 *Ibid.*, p.188.

26 Osborne & Freyberg, 1985, p.104 ＝森本・堀〔訳〕，1988, p.153.

27 Erickson, G. L. (1979) Children's conceptions of heat and temperature, *Science Education*, 63 (2), 228-229.

28 Osborne & Freyberg, 1985, p.104 ＝森本・堀〔訳〕，1988, p.154.

29 オズボーンは，これを3段階に整理している。そこでは第2段階の明確化に関する策略は含まれていない（Osborne & Freyberg, 1985, p.104 ＝森本・堀〔訳〕，1988, p.154).

30 Barnes., op.cit., pp.34-78.

31 オズボーンらによれば，ここで学習者の既有の概念や考え方が予備知識として提示されることになる（Osborne & Freyberg, 1985, p.104 ＝森本・堀〔訳〕，1988, p.154).

32 Gilbert, J. K., Osborne, R. J., & Fensham, P. J. (1982a) Children's science and its consequences for teaching. *Science Education,* 66 (4), p.630.

33 R. K. ソーヤー編, 森敏昭・秋田喜代美監訳 (2009)「学習科学ハンドブック」, 培風館, p.3.

34 *Ibid.*, pp.630-631.

35 ここでは, 蜘蛛が動物かどうかはっきりしていない 14 歳の学習者たち 4 人の議論を事例に議論の重要性を述べている (Osborne & Freyberg, 1985, pp.36-37 =森本・堀〔訳〕, 1988, p.59).

36 Osborne & Freyberg, 1985, pp.37-38 =森本・堀〔訳〕, 1988, p.60).

37 Osborne & Freyberg, 1985, pp.110-111 =森本・堀〔訳〕, 1988, p.163.

第 3 章

「生成的学習モデル」と OPPA

1 本章の目的，および，方法

　本章では，第2章の結果をふまえ，OPPA を活用した実践的アプローチにより，自己評価を成立させるための具体的な授業を明らかにする。

　OPPA に注目したのは，次の通りである。「序論　4-4-2」で述べたように，OPPA は，「メタ認知」の育成に有効とされており，それにより，学習者が「学ぶ必然性」や，「学ぶ意味」を感得することを可能にすることが報告されている。したがって，「生成的学習モデル」に基づく授業を実施する上で，OPPA は大きな役割を果たす可能性があると考えた。

　OPPA を導入した授業については，多くの先行研究があるが[1]，「生成的学習モデル」との関係を検討したものはこれまでにはない。

　研究の方法は，次の通りである。

(1) 中学1年生の単元「植物の世界」において，OPP シート（OPPA で使用するシート）を作成し（図3-1），生徒の学習前・中・後の概念を類型化する。

(2) OPPA に関する感想を生徒に記述させ，それら類型化する。

(3) これらより，OPPA の効果を検討する。

(4)（3）で明らかになった効果と「生成的学習モデル」との関連性を明らかにし，授業に OPPA を導入することで，「生成的学習モデル」に基づく授業が成立するかどうかを検討する。

(5) 最後に，それは，実際の中学校現場で有効に働くのかについて明らかにする。

幸せになるための理科学習履歴表

学習前
理科の授業は何のためにあると思いますか？

> 理科は、日常にある、疑問を実験で、かいけつするためのもの。そして、実験は、失敗もするが、成功もある。

	日付	今日の学習で一番重要だったことを書きましょう。	疑問点や感想など何でもよいので自由に書いてください。
①	4月16日	虫めがねじゃなく、ルーペ。けんびきょうのぶひんの名前。	小学校では、虫めがねだったけど、中学校では、ルーペって言うなんて、びっくりしたし、しらなかった。
②	4月17日	アブラナの花には、がく、花弁、おしべ、めしべがあって、どこがなにか、というのをおぼえる。	今日は、ルーペを使ってかんさつして、ルーペは、むずかしかったです。アブラナの、おしべとめしべが、どっちがどっちか、わからなかったのでわかるように
③	4月22日	いろいろな花弁の数、や、めしべ、おしべの数。数は、花によって、ちがう。	アブラナの果実は、そのあと、どうなるのか知りたいし、花弁は、どこにいっちゃうのかわからんね。散って落ちちゃうよ。
④	4月23日	受粉のしかたとか、どういうふうに粉がつくかとか、が、重要。あと、花の部分の名前が重要!?	おしべとめしべは、なんでべつべつになってるの？あと、同じでもわからないと思います!! それぞれの役目が違います！
⑤	4月24日	松のめしべとおしべは、ちがうところにあね。あと、マイソース♡	単性花とか、両性花とか。いろいろな名前があり、おぼえられるか心配。です。 大丈夫、がんばれ！
⑥	4月30日	顕微鏡の使い方。と、見方。	顕微鏡の形が、人間のおばあちゃんみたいな形をしている。そうか？？あ、腰が曲がってるのか？プレパラートになんでのっけんのかな？
⑦	5月1日	レポートのかき方と。ワーク（今までやったこと）	今日やった、ワークの内容は、わかんないのもあったし、わかなのもあった。なので、しっかりべんきょうして、がんばりMAX!

学習後
理科の授業は何のためにあると思いますか？

> 私たちの見近にある植物や、動物のことを調べて、これからの生活にやく立てたり、新しい事を知ったりできる授業。

君は何か変わったかな？

> 学習前・中・後を振り返ってみて、何がわかりましたか？また、今回の勉強を通してあなたは何がどのように変わりましたか？そのことについてあなたはどう思いますか？感想でもかまいませんので自由に書いてください。
>
> べんきょうで、新しいこと（初めて知ったこと）が増えてきて。なんか、頭の中が見て見たくなりました！次もがんばります！ きっと、初めて知ったワクワクと覚えされるか？という不安がまざっているのでは？？こういう発想、いいですね。

図 3-1　OPP シートと記述例（b-10 女子）

2 授業の概要

　使用した教科書は『新しい科学　1年』（平成24年度版，東京書籍）である。授業の概要（全7時間）は，表3-1に示す。

表3-1　授業の概要

時限	学習内容 （　）内は，学習者の具体的な活動を示す。
1	ルーペ，顕微鏡の使い方，および，スケッチの仕方
2	「アブラナ」の観察 （「アブラナ」を分解し，外側から順番に並べてノートに貼る）
3	観察のまとめによる被子植物のつくりの学習 （「アブラナ」のつくりの観察を中心に，被子植物のつくりを学習する）
4	被子植物のまとめ （前時のつくりを，さらに他の被子植物にも広げて考える）
5	「マツ」を教材にした裸子植物のつくりの学習
6	顕微鏡実習 （顕微鏡の使い方を練習するために，市販のプレパラートを用いた観察を行う）
7	レポートの書き方を学習する （GWに仕上げる予定のレポートの書き方を学習する）

3 使用したOPPシート

　OPPシート記入において指示した内容は次の通りである。

(1)「学習前」欄の記述

　1時間目の最初に，「理科の授業は何のためにあると思いますか？」という質問（OPPAでは，これを「本質的な問い」と言う）に従い，5分間とって「学習前」欄に記入させる。

(2)「学習履歴」欄の記述

　毎授業において最後に，5分程度時間をとり「今日の学習で一番重要だったことを書きましょう」，「疑問点や感想など何でもよいので自由に書いてく

ださい」という欄に記入させる[2]。

(3)「最下段」欄の記述

　「学習後」，および，「最下段」欄の記述と最後（7時間目）の授業で10分程度時間をとり，「学習後」の欄に，①と同じ質問（本質的な問い）に関する記述をさせる。また，シートの最下段に「学習前・中・後を振り返って見て，何がわかりましたか？また，今回の勉強を通してあなたは何がどのように変わりましたか？そのことについてあなたはどう思いますか？感想でもかまいませんので自由に書いてください」という質問に関する記述をさせる。

4 結果

　OPPシートに見られる記述とOPPAに関する感想から明らかになったことを整理する。

4–1 OPPシートに見られる記述から明らかになったこと

　「学習前・後」の記述を概念別に分類したもの（図3-2）とその記述例（表3-2），および，「最下段の記述」に見られた概念を分類した結果（表3-3）を示す。これらを整理したところ，次の5点が明らかになった。

4–1–1　理科を学ぶ意味の認識

　第1に，多くの生徒は，理科を学ぶ意味を適切に認識していることである。先ほども述べたように，今回作成したシートでは「学習前・後」に記述する「本質的な問い」として「理科の授業は何のためにあると思いますか？」を設定した。これは，理科を「学ぶ意味」や「学ぶ必然性」の育成を生徒に促すことを意図したものである。

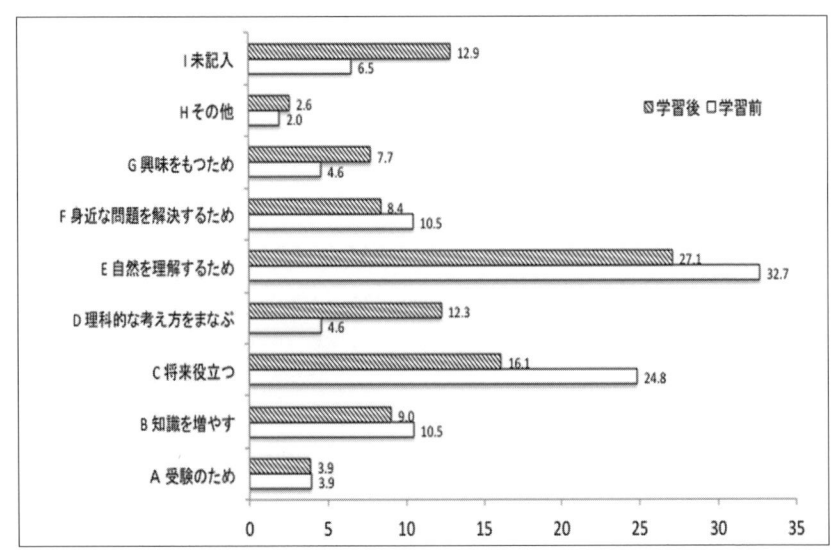

図 3-2 「学習前・後」の記述における概念（%）N＝112

表 3-2 「学習前・後」の記述例
（a，b，c はクラス，番号は生徒を示す。下線は筆者が加筆した。）

学習前	学習後
A　受験のため	
大人になってから使うことだと思うから。受験に成功するため（a-3 男子）。	高校入試のため。大学合格のため。知恵を増やすため（c-7 女子）
テストでよい点をとるため。高校受験のため（c-11 女子）	テストでよい点を取るため。想像力アップ↑↑↑（c-11 女子）
B　知識を増やすため	
大人になって，基本的な知識を知っていた方が科学的な考えができるようになるから（c-5 男子）	顕微鏡やルーペなどの道具の正しい使い方，いろいろ知らないことを覚えるため（a-15 女子）
理科の勉強を覚えるため（b-7 女子）	植物や生物のことが，小学校よりよくわかった（b-2 男子）
C　将来役立つ	
将来のため。おそらく何かに役立つ（c-16 女子）	役に立つし，知ってて得だから（a-2 男子）
実験などを通して，わかったことが将来に役立つから（a-6 女子）	理科の実験とかしくみを調べて理科の楽しさを感じるため。これからの社会などで覚えておくため（a-3 女子）

大人になってから使うことだと思うから。受験に成功するため（a-3 男子）	危険な生き物がどこに住んでいるか分かればその場所ではそういう所で気をつける。植物に対しての態度（b-10 男子）
D　理科的な考え方をまなぶ	
科学や実験を通して「そうなんだ！！」とか知って，？を消していくため（a-6 男子）	不思議を観察などして実際に自分で体験してふれあい知るためにある（C-5 男子）
今自分が思っている常識を，科学的に分かるようにするためにあると思います（b-12 男）	不思議を生み出すもの（b-5 女子）
分からないことや疑問を分かるようにするため。好き心を育てるため（b-8 女子）	「そうなんだ」というのを増やして，「なんでだろう」を「そうなんだ」にするため（a-6 男子）
分からなかったことを分かる力をつけるため（b-18 男子）	知らなかったことを実験などして分かるようにする（a-6 女子）
E　自然を理解するため	
科学の不思議をわかって欲しいからあると思います（a-13 女子）	自分がよくわからない世界の現象などの理由を知るため（b-13 男子）
身近なことで，どんな変化があるかを知ってもらうため（b-5 男子）	実際にある科学に触れて，楽しむため（b-13 女子）
F　身近な問題を解決するため	
科学の不思議をわかって欲しいからあると思います（a-13 女子）	いろんな疑問とかを解決するため（b-7 女子）
身近なことで，どんな変化があるかを知ってもらうため（b-5 男子）	自分の生活の中には科学があるということと，具体的な内容を教えるためにあるんだと思います（b-9 男子）
環境問題を考えるため（c-8 男子）	自分の生活の疑問を解決するため！（a-11 女子）
G　興味をもつため	
植物や大地の変化を知り，物理や化学について興味を持つため（a-12 男子）	分からないことや疑問を分かるようにするため。　→理科は楽しい（c-8 女子）
人類の科学的発展のために！！！的な。そのために小さいときから教えて興味を持たせる。という…。地球の謎を解くために（c-15 女子）	色々楽しむため。わかったら楽しいし，花とか，見たときにここが柱頭かな？とか思うとおもしろい。学習前はそんなことは思わなかったから（a-18 女子）
H　その他	
生きている中で疑問に思ったことを科学で解明し，みんなに発表するため（b-13 女子）	生きていく中でつける考え（c-9 女子）

図3-2より，学習前・後ともに「自然を理解するため」と「将来役立つ」が多い。これらは，理科教育の目的論において多く見られるものとほぼ一致する[3]。

つまり，多くの生徒たちは，「理科の授業は何のためにあるのか」について，「生徒たちなり」にであるが，学習前から認識していることになる。

表3-3　最下段の記述に見られる，
学習によって変容したと思われる概念と記述数（%）

1　学習による自分自身の変容を客観視する記述	74（66）
①知識や技能の増加と向上	50（45）
・顕微鏡の使い方，名前が覚えられるようになりました。最初は手こずっていたけれど，だんだん準備するのが速くなりました。（a-5 女子）。	
・私は，がくと花弁の数が同じなのに気が付きました。これからも「なぜ」という思いを大切にしたいです（c-9 女子）。	
・植物といっても1つではなく一つ一つ違っていて，でも，流れは同じということがすごいと思いました。そして，一番驚いたことは，タンポポの一つ一つが花ということです（b-9 男子）。	
②学び方の変容や理科を学ぶ意味	24（23）
・前は，ただ科学を知るためにある教科だと思っていたが，新しい目的がわかった（c-11 男子）	
・しっかり復習しておくことが大切だとわかりました。なので，これから，覚えたことをしっかり復習しておきたいと思いました。一日一日の積み重ねを大切にしたいです。（c-14 女子）	
・授業で学んだことを踏まえて，これはどうなんだろう？と思うことが増えた。たぶん興味を持ち始めたんだと思う。授業が好きになってきた（a-15 女子）。	
2　学習意欲の向上	63（56）
・楽しいので，一日二時間やりたいです（b-3 女子）	
・私は「この世の科学をもっと知りたい」と思いました。前まで，習ったことをやっていただけだったけど，学習してもっと科学を知りたいという気持ちが出てきました（a-8 女子）。	
・理科のイメージが変わった。植物の，他のものを押しのける力はどれくらいなのか調べてみたい（c-8 男子）。	
3　未記入	18（16）

4-1-2 大人の考え方による影響

第2に，しかし，それは，大人の考え方の影響を少なからず受けている可能性があることである。生徒の記述には，気になる表現が多く見られた（表3-2）。

たとえば，学習前E欄のa-13女子，および，b-5男子の記述（下線）は，主語が生徒自身ではない。

また，学習前C欄のc-16女子は，「おそらく」という言葉を使っている。これは，生徒たちが理科を学ぶ目的を自分自身のものとして受け止めていない可能性を示すものではなかろうか。このような記述は他にも見られた。

4-1-3 学習前における将来や受験に必要だからという目的観

第3に，生徒たちが理科を学ぶのは，あくまでも将来のためであり，理科の学習が現在の自分にとってどんな意味があるかについての考えを見いだしていないと思われる生徒が多いことである。

たとえば，表3-2学習前A欄の「大人になってから使うことだと思うから。受験に成功するため（a-3男子）」という記述に見られるように，理科を学ぶのは，「大人になってから」と考え，今の自分にとっての意味は「受験」だというのである。

「将来のため」や「将来役に立つ」という表現で他にも多く見られた。このように理科を学ぶ意味が，中学生である「今」に結びつけて考えにくい様子が伺える。

4-1-4 学習後に形成された学ぶ楽しさ

第4に，学習後に，「理科を学ぶことが楽しくなった」いう記述が多く見られたことである。

先ほどの受験を意識していた生徒たちも，学習後になると記述に変化が見られる。たとえば，学習前は，単に「生活に役立つ」だった生徒（b-3女子）が「身の回りのことを知り，生活に役立てる。少しでも，いろんなことが分かるように」と変化した。

さらに，この生徒の最下段の記述では，「身近なことを（植物）観察しようと思った。楽しいので1日2時間やりたいです。（笑）小学校のときより

細かくて，いろいろ知れて良いと思いました」と，興味・関心が向上している。

　ほかにも，学習前に「将来役立つから」としていた生徒たちが，「最下段の記述」では「理科が好きになった（a-2男子）」や，「花のつくりを詳しく勉強して，外からがく，花弁，おしべ，めしべなどの順番や子房や胚珠の場所など，そんなのがあったのかと思った（a-6男子）」というように，新しいことを学んだ喜びを記している。

　さらに，「授業で学んだことを踏まえて，これはどうなんだろう？と思うことが増えた。たぶん興味を持ち始めたんだと思う。授業が好きになってきた（a-15女子）」というように，理科の学習に喜びを見いだし，今現在の自分にとって理科学習は意味があるということを自覚する様子も見られた。

4-1-5　学びの客観視

　第5として，自分の学びを客観視する姿が見られることである。「最下段」の記述を分析すると大きく2つのグループに分けることができた。

　1つは，「学習による自分自身の変容を客観視する記述」である。これは，①「知識や技能の増加・向上」と，②「学び方の変容や理科を学ぶ意味」に分けられた。

　2つめは，「学習意欲の向上」である。それぞれの数と具体的な記述は，表3-3に示す。

　このように，多くの生徒が，学習による変容を客観視し，学習意欲を向上させた。

　その記述内容を分析すると生徒たちが自分自身の概念や考え方について深く考える様子が見られた。

　たとえば，「知識や技能の向上」に関する記述では，「私は，がくと花弁の数が同じなのに気が付きました。これからも「なぜ」という思いを大切にしたいです（c-9女子）」といったように，単なる知識の増加にとどまらず「『なぜ』という思いを大切にしたい」といった自分の理科授業に関する姿勢を具体的に記述している。

　さらに，「学習意欲の向上」に関する記述を見ると，単なる「楽しくなっ

た」といった抽象的なものばかりではなく「理科のイメージが変わった（c-8男子）」といった，理科という教科に対する考え方の変容が見られた。

　これらは，自分の学びを客観視した結果と考えられる。

4-2 OPPA に関する感想から明らかになったこと

　次に，単元終了後OPPA に関する感想から明らかになったことを整理する。

　そこでの記述を概念別に分類した図３３と，その具体例（表3-4）から，次の４点が明らかになった。

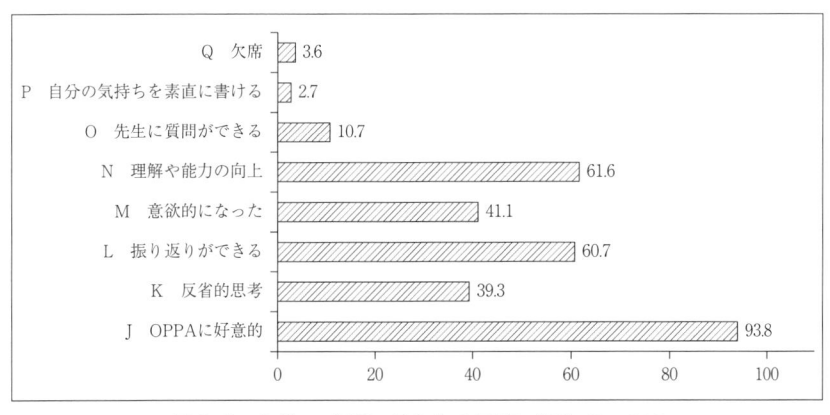

図 3-3　生徒の感想に見られる要素（％）N＝112

表 3-4　感想の記述例

要素	記述例
J　OPPA に好意的	・どんなことを学習したかがよく分かってそれの感想とかを見ながら大事なこととかを思い出すことができるようになった（b-7 女子）。 ・授業を疑問や意識をもって授業を受けるようになった。履歴表で授業を振り返ることができた（c-2 男子）。
K　「反省的思考」	・不思議に思うことが多くなってよかった（a-7 男子）。 ・履歴表で授業の受け方が変わった（a-13 男子）。 ・理科の授業の見方がかわった。学習したことを考え直すようになった（b-10 男子）。 ・返されて振り返ると次はこうしようこうノートにまとめようとなった（b-18 男子）。 ・自分の実力がわかった（b-5 女子）。 ・自分で大事なところが分かるようになった。 ・履歴表を書くとき，何もかけないと「あーしっかり授業聞いてなかったなー」と思い次からは気をつけるようになった。あと分からなかったところもしっかり気づいて分からなかったところを復習するようになった（c-3 女子）。
L　振り返りができる	・その日にやったことを振りかえれるので「ああ，こんなことがあったな」や「つながってるな」と思うことがあるようになりました（a-6 男子）。 ・毎日理科の授業を振り返ることができるのでなんとなく終わることがなくなったと思う（a-18 女子）。 ・小学校の時の理科は授業が終わったらそのまま終わりだったけど，履歴表を書くことによって，今日の授業は，どんなことを勉強したのか，どんなことが分からなかったか，自分で理解することができる（b-1 女子）。
M　意欲的になった	・最初は小学校の時と違って大変だったけど，今は履歴表を書くことで，自分の生活面に良い変化がでてうれしかった。これからもきちんと出そうと思った（b-13 女子）。 ・勉強に取り組もうとする姿勢がよくなった（c-7 男子）。
N　理解や能力の向上	・理科のことで分かったことをまとめることができるようになった（a-10 女子）。 ・じゅぎょうの振り返りができるので習ったことが整理されて内容がしっかり分かるようになった（a-16 女子）。

O　先生に質問ができる	花のつくりや光合成の事で分からないことを書いて先生の答えをもらって変わったと思います。（今まで先生に聞かなかったから）（a-13 女子）。 ・重要なことがわかるようになった。分からないことが先生に気軽にきけるようになった（b-14 女子）。
P　自分の身持ちが素直に書ける	・感想を書いているので，自分の思ったことが素直にかけるようになった（a-19 男子）。 ・思ったことをかけたり重要なことをかける（c-1 女子）。

【 4-2-1 】 「学ぶ意味」や「学ぶ必然性」の形成

第1に，「学ぶ意味」や「学ぶ必然性」の形成が見られることである。

たとえば，「理科が何のためにあるのか」という問いかけが，「理科の授業の受け方」に影響を与えているのが見てとれる（図3-4）。また，表3-4 の記述例のほかにも，「将来のためと思ったけど，自然の厳しさを知ることができた（c-6 男子）」というように，中学生である今の自分にとって意味があることを自覚する記述や「履歴表を見直してみると前に勉強したことがわかって，授業が分かりやすくなった（a-16 男子）」というように，学び方を見いだしている記述も見られた。

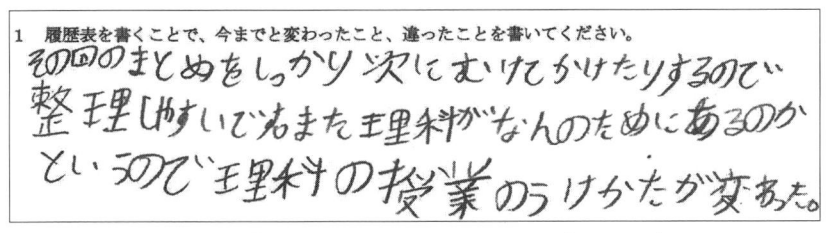

1　履歴表を書くことで，今までと変わったこと，違ったことを書いてください。

図 3-4　「学ぶ意味」を感得した記述例（a-1 男子）

【 4-2-2 】 「反省的思考」の形成

第2に，表3-4 から明らかなように，反省的思考の形成が多く見られたことである。たとえば，「その日にやったことを振りかえれるので『ああ，こんなことがあったな』や『つながってるな』と思うことがあるようになりました（a-6 男子）」や，図3-5 の「自分なりの勉強の仕方を見つけることが

できました（b-16 女子）」という記述から，生徒が自ら，自身の学習を省み
て，それが，勉強の仕方の改善に結びついていく様子が見てとれる。

　ほかにも表3-4の事例にあるような「反省的思考」が，学習の意欲向上に
結びつき，さらには，理科を学ぶ意味を獲得する様子がうかがえる。

　このように，生徒たちは，理科の授業の受け方が変わった自分を自覚する
ことで，自らの学びを振り返ることの意味を実感しているのである。さら
に，これらは，OPP シートを使うことでもたらされたというのである。

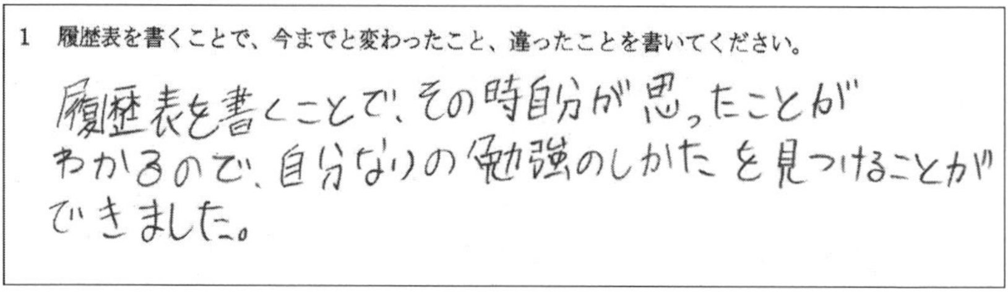

1　履歴表を書くことで、今までと変わったこと、違ったことを書いてください。

履歴表を書くことで、その時自分が思ったことが
わかるので、自分なりの勉強のしかたを見つけることが
できました。

図 3-5　「反省的思考」を感得した記述例（b-16 女子）

［4-2-3］　OPPA に好意的であること

　第3に，OPPA に好意的であることがあげられる。表3-4における「L
振り返りができる」や「N　理解や能力の向上」の記述例に見られるよう
に，このシートが自分の学習に役立つからだとするものが多かった。これら
は，OPPA により，自己の学びの客観視が可能になった効果と考えられる。

［4-2-4］　学習意欲の向上

　第4に，意欲的になったという記述が多く見られたことである。たとえ
ば，表3-4「M　意欲的になった」欄に示した記述や「理科の授業の後に，
おもしろかったことや分かったことを振り返るようになった。大切な事を書
き，家で復習するようになった（b-13 女子）」，「じぶんがふしぎとおもった
ことなどを先生からヒントが返ってきたりしてもっと自分で考えてみようと
思うようになったことです（c-9 女子）」のように，自ら学び，自ら考える
姿勢が見られるようになった。

5 考察

　ここでは，今回の事例を基にしたOPPAの効果と「生成的学習モデル」との関係を明らかにする。これにより，自己評価を成立させるための具体的な授業を明らかにする。

　OPPAを開発した堀は，その機能として次の9点をあげている（表3-5）[4]。

表3-5　OPPAの機能

1	学習者の認知過程の外化と内化のスパイラル化
2	学習内容の全体を見通し，もっとも重要な事項を簡潔に要約する資質・能力の育成
3	学習者の既有の概念や考え方（素朴概念）の把握
4	学ぶ意味・必然性の形成
5	メタ認知の育成
6	学習者による学習目標の形成
7	教師の指導目標と学習者の理解とのずれの確認
8	教師の授業改善
9	学習者が自分の内面と向き合い，見つめ，学びの過程を問い直し，深めるという働きかけ

出典：堀 哲夫（2009）「認知過程の外化と内化を生かしたメタ認知の育成に関する研究―その1―OPPAによる外化と内化のスパイラル化の理論を中心として―」『山梨大学教育人間科学部紀要』Vol.11, p.18の主張に基づき筆者作成。

　これらは，第2章で述べた「生成的学習モデル」を中心とした，概念の形成過程の自覚化という視点を重視した授業のあり方と大きく関係している。それは，大きく次の5点に要約できる。

　第1に，授業における「メタ認知」の育成である。表3-5に示すように，OPPAは，「メタ認知」の育成を目的としており，先ほど述べたように，今回の事例でも「メタ認知」の獲得が見られた。第2に，これにより，授業において「学ぶ意味」や「学ぶ必然性」を学習者が感得することを可能にすると考えられることである。今回の事例においても多く見られたことからOPPAにその効果があることがあらためて明らかになった。第3に，授業

において，学習者自身による「反省的思考」を促すことである。今回の事例においても学習者の「反省的思考」が多く見られた。

さらに，これら3点がOPPAによってもたらされたのは，OPPAについて好意的な受け止め方をしていることによるということが明らかになった。

第4に，OPPAが，「構成主義」に基づく概念の形成過程という視点を重視していることである。たとえば，「今日，自分で一番重要だったことを書いてあると『パッ』と見たときにわかりやすい（c-5女子）」という生徒の記述からは，OPPシートの学習履歴によって概念の形成過程を自覚する姿が見られた。

また，図3-1の「学習後」の記述に見られる「なんか，頭の中が見てみたくなりました（b-10女子）」という表現は，生徒自身が，自らの素朴概念が変容していく過程を自覚しているものと考えられる。

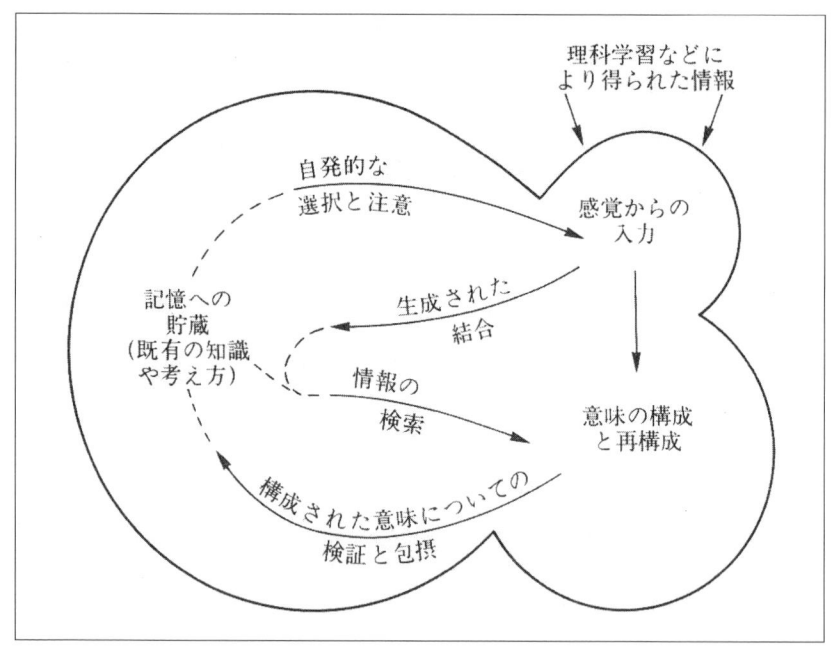

図3-6　生成的学習モデル

出典：堀 哲夫（1992）「構成主義学習論」日本理科教育学会編『理科教育学講座5理科の学習論（下）』東洋館出版社，p.207.

図3-6は，「生成的学習モデル」を図にしたものであるが，この図に見られる「生成的学習」を実感したことを意味する可能性を示すものではなかろうか。

　第5に，これらを可能にしたのは，OPPAの「概念の形成過程の可視化」によるものと考えられる。つまり，「生成的学習モデル」に基づく授業には，OPPAの効果の1つである概念の形成過程の可視化が有効であると考えられる。教師にとって学習者の概念の形成過程は，見ることができない「ブラックボックス」である。学習者自身にとっても，自分の頭の中を客観的に見るのは通常は難しい。しかし，OPPシートにより，学習者の概念の形成過程の可視化が可能になったことで，「生成的学習」の過程を教師も学習者自身も把握することが可能になったと考えられる。

6 ｜ 結論

　本研究では，OPPAの導入による「生成的学習モデル」に基づく理科授業の成立とその効果を，中学校1年生を対象に検証した。

　その結果，授業にOPPAを導入することで，「生成的学習モデル」に基づく授業が成立することがみとめられた。

　以上より，授業で自己評価を成立させるためにはOPPAを活用することが有効であることが明らかになった。

　さらに，それが中学生に好意的に受け入れられることで，中学校現場で有効に機能することが明らかになった。これらは，OPPAが理論と実践を接続する視点を明確化して開発されたことによってもたらされたと考える。

註，および，引用・参考文献
1　たとえば，次があげられる。堀 哲夫編（2006）『一枚ポートフォリオ評価 小学校編—子どもの成長が教師に見える』東洋館出版社.
2　授業内に記入する時間がなかった場合は，放課後などを活用して記述し，係が回収し

て提出した。

3　中島雅子（2010）「科学的概念の形成過程をふまえた学習者の目的観育成に関する研究―高等学校理科における OPPA による効果の検証を中心として―」『教育目標・評価学会紀要』第 20 号，pp.59-60.

4　堀 哲夫（2009）「認知過程の外化と内化を生かしたメタ認知の育成に関する研究―その 1 ― OPPA による外化と内化のスパイラル化の理論を中心として―」『山梨大学教育人間科学部紀要』Vol.11, pp.18-21.

まとめ，および，今後の課題

本章では，各章で明らかになった研究成果に基づき，本論文をまとめる。次に，これらに基づき，理科教育の課題克服に有効な要素と教育実践への示唆を行う。最後に，今後の課題を述べる。

1 本論文のまとめ

本論文の目的は，理科教育における概念の形成過程の自覚化という視点を重視した自己評価を探究することで，理科教育の課題克服に有効な要素を明らかにし，教育実践への示唆を行うことであった。

ここでは，この目的を達成するためにたどったプロセスに沿って，各章で得られた知見をまとめる。

1-1 本論文における問題の所在と研究課題の設定

序章では，これまでの理科教育における問題の所在と，自己評価のあり方を明らかにした上で，本論文における研究課題を設定した。

まず，問題の所在である。具体的には，国際調査の結果，および，先行研究により，次の2つを導出した。

第1に，理科を「学ぶ意味」や「学ぶ必然性」について，学習者が感得していないことである。

第2に，そのための具体的な方策が解明されていないと考えられることである。

次に，自己評価のあり方である。これまでの経過と先行研究の省察により，自己評価で重視すべき要素として次を導出した。

まず，「構成主義」的な学習観に基づく概念の形成過程の自覚化という視点である。これにより，学習者に「学ぶ意味」や「学ぶ必然性」の獲得を促し，教師がその形成過程を把握することにより，具体的な方策の解明が促されることが明らかになった。

次に，それは，授業においてこの視点を重視した自己評価を成立させるこ

とでなされること，さらに，理論と実践を結びつける視点を重視することが，具体的な方法論の提案を可能にすることが明らかになった。

　以上を鑑み，本論文では，概念の形成過程の自覚化という視点を重視した自己評価に着目し，先ほど述べた目的を設定した。

　その中で，本研究を遂行するにあたり，次の3点を研究課題とした。

　第1に，概念の形成過程の自覚化という視点の理科教育における意義を明らかにすることである。

　第2に，この視点に基づく自己評価を成立させるための理科授業のあり方を明らかにすることである。

　第3に，これらの結果をふまえ，その具体的な授業を明らかにすることである。

　上記3つの研究課題を遂行するために，本研究では，オズボーンの「構成主義」，および，「生成的モデル」に関する文献研究による理論的アプローチと，中学校理科におけるOPPAを活用した授業を検証する実践的アプローチの2つを主たる研究方法とした。

1–2 「構成主義」に基づく，概念の形成過程の自覚化という視点の意義

　第1章では，オズボーンの「構成主義」に基づく理科教育論の特質と構造を明らかにした。これにより，「構成主義」に基づく，概念の形成過程の自覚化という視点の意義が明らかになると考えた。

　具体的には，ニュージーランドにおける「構成主義」に基づく理科教育の理論と実践の歴史的展開を整理し，その中でオズボーンの理論がどのように誕生し，位置づいているのかについて明らかにした。さらに，LISPに焦点をあて，その調査内容とその結果提案されたオズボーンの理論とオズボーンによる授業とカリキュラムの構想を明らかにした。その結果，次を導出した。

　オズボーンの「構成主義」における特質は，学習者に「学ぶ必然性」を獲得させることで科学的概念の形成が可能になるとしたこと，および，その結

果，教える側の論理が問われることの2つであることが明らかになった。

その構造は，次の通りである。

①「学ぶ必然性」は，学習者が「子どもの科学」を自覚し，それが科学的概念に変容する過程を認識することで獲得される。

②学習者が自分自身の概念の変容過程を認識するには「認知的方略」が必要になる。

③したがって，教師は「教師の科学」に基づく授業により，学習者に「認知的方略」の育成を図る。

④つまり，学習者が「学ぶ必然性」を獲得するかどうかは，「教師の科学」に依拠することになる。

⑤このようにして教える側の論理が問われることになる。

以上より，授業において，学習者の概念の形成過程の自覚化という視点を重視することにより，学習者は，理科を「学ぶ必然性」を獲得することが可能となること，さらに，それに基づき，教師は「授業改善」を可能にすることが明らかになった。

ここに，「構成主義」的学習観に基づく概念の形成過程という視点の意義があることが明らかになった。

1–3 自己評価を成立させるための理科授業のあり方

第2章では，「生成的学習モデル」を中心に，授業論の要件として，オズボーンらによる学習論，授業の目的論，そして，その具体的な方法論の3点を明らかにした。これにより，「構成主義」的な学習論に基づく概念の形成過程の自覚化を重視した自己評価を成立させるための授業のあり方を明らかにした。

まず，オズボーンが注目した「三段階モデル」の要素と，LISPによる知見を明らかにした。その結果，「生成的学習モデル」は，概念の形成過程に注目した学習モデルであることが明らかになった。それは，理論を実践に生かす視点を重視したものであった。

次に，オズボーンらによる学習論，授業の目的論，そして，その具体的な

方法論の3点を明らかにした。

　まず，オズボーンらの学習論は，第1章でも明らかになったように，学習者の既有の概念や考え方と，学習により得られた新しいものとの認知的調節の過程であるという，「構成主義」的な学習観であることが明らかになった。次に，オズボーンらによる授業の目的論は，「学ぶ意味」や「学ぶ必然性」の育成にあることがあらためて明らかになった。最後に，方法論は，オズボーンらの具体的な授業に見ることができた。それは，授業設計や教師の役割に言及するなど，理論にとどまらない教師の具体的な方策という形で示された。たとえば，授業において他者と議論できるような機会を持つことであった。以上より，重視すべき点として次の3点を導出した。

　第1に，授業における「メタ認知」の育成である。

　第2に，これにより，授業において「学ぶ意味」や「学ぶ必然性」を学習者が感得することを可能にすると考えられることである。

　第3に，授業において，学習者自身による「反省的思考」を促すことである。これらは，理論と実践を接続する視点を明確にした形でなされた。

1-4　自己評価を成立させるための具体的な理科授業

　第3章では，第2章の結果をふまえ，OPPAを活用した実践的アプローチによって自己評価を成立させるための具体的な授業を明らかにした。具体的には，中学校1年生を対象に，OPPAを活用した授業と，OPPAに関するアンケートを実施し，それらの記述に基づき，OPPAの効果と「生成的学習モデル」との関係を明らかにした。

　まず，OPPAが，「構成主義」に基づく，概念の形成過程という視点を重視していることである。

　次に，OPPAを授業に活用することで「学ぶ意味」や「学ぶ必然性」を学習者が感得すること，および，学習者自身による「反省的思考」を促すことである。

　最後に，これらは，生徒がOPPAを好意的に受け止めていることや，OPPAの概念の形成過程の可視化による効果であることが明らかになった。

以上より，授業で自己評価を成立させるためには，OPPA を授業で活用することが有効な手立ての 1 つであることが明らかになった。

2　理科教育の課題克服に有効な要素と教育実践への示唆

　ここでは，本研究で得られた成果から，理科教育の課題克服に有効な要素をまとめ，教育実践への示唆を述べる。

　第 1 に，「構成主義」的な学習観に基づく，概念の形成過程の自覚化という視点である。問題の所在においてこれまでの理科教育の課題は，学習者が「学ぶ意味」や「学ぶ必然性」を感得していないことに起因することを明らかにした。

　さらに，序章，および，第 1 章より，これらは，学習者が自己の変容過程を自覚することでなされることが明らかになった。同時に，教師の授業改善に有効であることが明らかになった。ここに，理科教育における「構成主義」的な学習観に基づく概念形成過程の自覚化という視点の意義があった。

　第 2 に，これらは，授業において，概念の形成過程の自覚化という視点を重視した自己評価を成立させることで可能になることである。序章において，学習者が自身の概念形成の過程を自覚することが，自己評価の本来持つべき機能である「学習や授業の改善」を生むことが明らかになった。

　さらに，第 2 章では，授業において「メタ認知」を育成することが重要であることが明らかになった。これにより，授業において学習者が「学ぶ意味」や「学ぶ必然性」を感得すること，および，学習者自身による「反省的思考」が促されることが明らかになった。また，学習論を授業に活かすには，理論と実践を接続する視点を明確する必要があることが明らかになった。

　第 3 に，その具体として，OPPA が有効であることである。それは，第 3 章より，OPPA の概念の形成過程を可視化する効果と，学習者が OPPA を

好意的に受け止めていることによって可能になることが明らかになった。

　以上，本研究によって明らかになった，理科教育の課題克服に有効な要素に基づき，自己評価を授業で成立させることが現場教育に大きく寄与すると考える。

3 今後の課題

　今後の課題を次の3点にまとめる。

3-1 教師の教育観の育成

　まず，教師の教育観の問題である。自己評価が有効に機能するためには，教師の適切な教育観が重要となる。ここでは，教師の教育観の育成についての考察が必要となる。

　これらは，今回明らかになった自己評価で重視すべき要素をふまえた実践を行い，検証することが有効と考える。

3-2 「構成主義」的な学習論のさらなる検証

　次に，「構成主義」的な学習観のさらなる検証である。今回，理論的アプローチにより，庄司和晃の自己評価は，学習者の自覚という視点に注目していたことが明らかになった。これについて，庄司の仮説実験授業を分析するといった実践的アプローチにより，今回導出した自己評価で重視すべき要素を検証することで，「構成主義」的な学習観の自己評価における意義がさらに明らかになることが期待される

　さらに，オズボーンの理論の諸外国における位置づけを検討することにより，「構成主義」の本質がさらに明らかになると考える。

授業改善のための
教師の自己評価

1 本章の目的，および，研究の手順

　本章の目的は，理科授業を改善するための教師の自己評価に必要な要素とその構造を明らかにすることである。ここでいう自己評価とは，学習者や教師が自身の概念や考え方，およびその形成過程を自覚することを指す。

　自己評価に注目したのは次の2点による。1つめは，学習・授業の改善が適切に行われるためには，学習者や教師が自身の問題点を自覚する，つまり，自己評価が行われなければ，真の意味での改善は難しいと考えられるからである。さらに，どこにどのような問題があるのかが，具体的に把握できなければ，それを日々の実践に生かすのは難しい。つまり，教師は自己の授業の問題点を自己評価することで，適切な授業改善がなされると考えられる。これが，教師の自己評価である。さらに，それは学習者の自己評価に基づくことが望ましい。なぜならば，学習者が自己の学びを自覚することにより，学習者のつまずきや考え方などの実態があぶり出されると考えられるからである。その実態を教師が把握し，自分の授業のどこをどのように修正すればいいのかを自己評価することが，授業改善に大きな役割を果たすと考える。つまり，教師と学習者の両方が自分の問題を自己評価（自覚）することが課題解決に有効であり，それら2つの自己評価を結びつけることが重要だと考える。

　もう1つは，理科学習における自己効力感の向上に自己評価が大きな役割を果たすと考えられることである。PISA2015において，日本の子どもの科学的リテラシーは，引き続き高い成績を示した。しかし，2006年と比較し，理科の学習における自己効力感を持つ割合は増加したとはいえ，いまだOECD平均を下回る結果となった。学習者の自己効力感は，「科学に関するより優れた成績を獲得すること」によって得られるが，そこでは，「教師や友人や保護者から肯定的なフィードバックを得ること」が重要となる[1]。ここでいう適切なフィードバックが，教師の自己評価に基づいてなされることで，より効果的になると考えられる。なぜならば，教師による自己の授業の

適切な自己評価の結果が，そのフィードバックに反映されると考えられるからである。すなわち，教師によるフィードバックは，学習者の学習改善を行うと同時に，教師の授業改善に有効だと考える。

　ここで，議論すべき点は次の3点である。1つめは，「評価とは何か」といった評価観の問題である。中島（2016）が指摘するように，評価は成績（評定）をつけるためのものといった評価観が今もなお存在するために，適切な自己評価が行われてこなかったと考えられる。これは，学習者のみならず，教師も同様の評価観を持つと言えるだろう。2つめは，自己評価能力の問題である。自己評価を授業改善に生かすには，学習者はもちろんのこと，教師の自己評価能力が重要となる[2]。田中（2008，125）によれば，「自己評価能力は，メタ認知とかモニタリング」と言うことができる。「メタ認知」[3]は資質・能力の中でも高次に位置づけられる。このように考えると自己評価を活用することが，適切な学習・授業改善につながると考えられる。しかし，学校現場で活用するためには，そこで必要な要素を明らかにした上で具体的な方法論についての検討が必要となる。

　これに関連して3つめは，教育評価で自己評価能力を育成するという考え方である。これについて，形成的評価において自己評価を重視する「一枚ポートフォリオ評価（OPPA：One Page Portfolio Assessment）論，以下，OPPA論と記す」[4]の提唱者である堀は「学習や指導の機能を持つ評価」を提案している（図補-1）。これは，学習者は自己の学習過程を，教師は自己の授業過程を形成的に自己評価することが，学習改善およびそれに基づく授業改善に有効であることを示すものと考える。しかし，堀（2018，307）によれば，これまで，自己評価能力の育成において教育評価を活用するという提案はほとんどなされてこなかった。さらに，教師の自己評価能力の向上については，中島（2017）の報告があるものの教師の授業改善について事例を中心としており，理論的に分析されているとは言いがたい。つまり，中島・松本（2014）が指摘しているように教師の自己評価能力の向上についてはほとんど議論されてきていない。

　以上より，本稿では，冒頭で述べた目的を達成するために，先ほど述べた

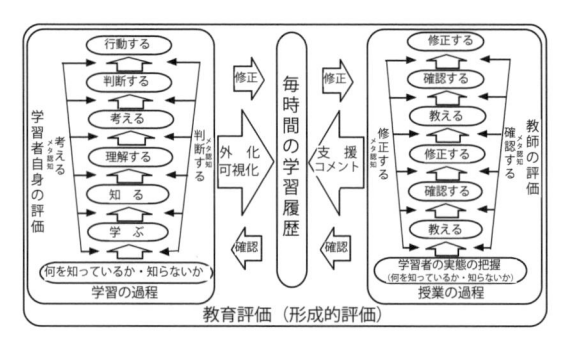

図補-1　資質・能力を育成するための学習や指導の機能を持つ教育評価の骨子
出典：堀 哲夫（2017）「教育評価のこれまでとこれから」『理科の教育』vol.66, No.781, p.12.

3点を中心に，理科の授業改善における教師の自己評価の可能性を探究する。その際，OPPA論を提案した堀の言説とその実践事例における教師のフィードバックに注目し，これらを検証する。なぜならば，本稿では授業改善における教師の自己評価の効果を検証するのであるが，OPPA論は，自己評価を活用した形成的評価を重視した教育論である。そこでは，教師のコメントによるフィードバックが活用されている。したがって，これにより授業改善における教師の自己評価に必要な要素とその構造が具体的に明らかになると考えられるからである。

2 ｜ 自己評価の課題

　自己評価の課題を述べる上で，まず，授業改善に欠かせない「指導と評価の一体化」の課題を整理する。

2-1 指導と評価の一体化における評価観の問題

　今回改定された学習指導要領においては，資質・能力の向上がこれまで以上に重視され，授業改善の急務が叫ばれている。これについて，近年では，ブラックとウィリアム（Black, P. and William, D., 1998）をきっかけに形成

的評価の有効性が注目され（石井，2013），2005 年に OECD により『Formative Assessment：Improving Learning in Secondary Classroom』が刊行されるなど，欧米を中心に関心が高まっている（安藤，2013）。我が国でもその邦訳[5]を通して広く知られるようになった。さらに，その具体として，国内でも，パフォーマンス評価やポートフォリオ評価が注目され，たとえば OPPA 論や，ウィギンスらの「真正の評価」論に基づく「パフォーマンス評価」[6]がある。これらをもとに，実践も数多く行われるようになってきた。しかし，学校現場での大きな広がりはみられない。その理由の１つとして，これまでは，評価と授業改善をどう結びつけるのかに関する視点が不明確であったことがあげられる。つまり，具体的に評価をどう授業に生かすのかが明確ではなかったと考える。ここには，評価観（評価に関する考え方）の問題が存在すると考えられる。すなわち，評価は成績（評定）をつけるためのものといった評価観がいまもなお存在するために，「できた・できなかった」といった結果に関心が集中し（田中耕治，2008，p.164），学習や授業のどこに問題があったのかが見えにくかったことで，評価が指導に有効に働かなかったと考えられる。

2-2 これまでの自己評価における課題

このような評価観は，自己評価についても存在する。これまでの自己評価で多く見られるのは，学習者は自身の学びに対し，「理解できましたか？」や「楽しかったですか？」といった「問い」，また，教師は自身の教育活動に対し，「使用した教材は有効でしたか？」といった「問い」に対し，それぞれの主観に基づき「A，B，C」をつけるものや，「よかった，わるかった」といった情意面が中心だった。これは，前項で述べたように，「評価は成績をつけるためのもの」という評価観によると考えられる。そのため，評価としての客観性や認知面の視点が欠けたものが多く，授業改善に効果的とは言いがたかった。

また，いわゆる熟達教師による授業技術（ゆさぶりの発問や机間巡視，ノート点検等）による「フィードバック」を活用した形成的評価に基づく授

表補-1　評価の機能

アプローチ	目的	準拠点	主な評価者
学習の評価（Assessment of Learning）	成績認定，進級，進学などのための判定（評定）	他の学習者。教師や学校が設定した目標	教師
学習のための評価（Assessment for Learning）	教師の教育活動に関する意志決定のための情報収集，それに基づく指導改善	学校や教師が設定した目標	教師
学習としての評価（Assessment as Learning）	自己の学習のモニタリング，および，自己修正や自己調整（メタ認知）	学習者個々人が設定した目標や，学校・教師が設定した目標	学習者

出典：石井英真（2013）「これからの社会に求められる学力とその評価—『真正の学力』の追求『初等教育資料』東洋館出版社，p.31 より筆者抜粋，加筆した。その際，Earl, L.M.（2003）*Assessment as Learning: Using Classroom Assessment to Maximize Student Learning,* Corwin Press, p.26 を参照。

業改善は行われてきた。これらは，言い換えれば，教師自身による授業評価，つまり，教師の自己評価と言うことができる（中島雅子，2016）。

　しかし，それが，授業改善に具体的にどう結びつくのか，さらに，学習者の資質・能力の育成にどう関わっているのかは，教師の経験によるものが大きく，判然としなかった。その結果，授業改善において重視されるべき形成的評価への理解が，現場では不十分なまま，教材研究や授業方法の工夫を中心とした授業改善が行われてきていると考えられる。以上より，学習者の自己評価と教師の授業評価を結びつける視点が重要となると考える。

2–3 「学習としての評価」という視点

　評価観に関わって，学習や授業における評価の位置づけの問題が存在する。つまり評価の機能の問題である（表補-1）。自己評価で重要となるのは「学習としての評価」（Assessment as Learning）と考える。鈴木（2017）が述べているように，日本では，「教育政策上『形成的評価』に当たる考え方が，『目標に準拠した評価』や『指導と評価の一体化』として，従来から重視されてきた」。その課題として形成的評価を意味する「児童生徒の『学習のための評価』（Assessment for Learning）の実現」があげられている[7]。

Earl（2003）によれば，自己評価は「学習としての評価」（Assessment as Learning）の意味合いが強い。

　これについて，堀は，「学習と評価の一体化」を提唱し，アール（Earl, L.M., 2003），および，石井（2015）を参照しつつ，次のように述べている。「『指導と評価の一体化』と『学習と評価の一体化』は，評価と指導や学習を切り離して考えない（Assessment as Teaching and Learning）という意味」である。「教育評価研究の問題において重要なのは」，これまでは，「『指導と評価の一体化』という教師目線での研究が重視されており，学習者の立場からの『学習と評価の一体化』がほとんど行われてこなかったことである」と述べ，「今後は，実質を伴った『指導と評価の一体化』，学習者による『学習と評価の一体化』，言い換えると学習者のメタ認知能力を育成する自己評価に関する研究が実施され，深められる必要がある」と自己評価の重要性を説いている（堀，2018，306）。

2–4 教師のコメントによるフィードバックの効果

　中島・松本（2014）が指摘しているようにこれまで，自己評価と形成的評価を結びつけた研究や実践はほとんど見られない。その中で，形成的評価を改善する方法についての実践的改善として，教師によるフィードバックによる効果を実証した「キングス・メドウェイ・オックスフォードシャー形成的評価プロジェクト（KMOFAP）」がある。KMOFAP とは，先述のブラックとウィリアムが所属するイギリスの ARG（Assessment Reform Group）によって提唱された「学習のための評価（Assessment for Learning）」論を実践化するため，ARG が立ち上げたプロジェクトである。その中に理科教育において自己評価を取り入れた実践がある（二宮，2013；Black, Harrison, Lee, Marshall and William, 2003）。また，これをアメリカで普及させた教育コンサルタントであるブルックハート（Brookhart, S., 2008）は，効果的なフィードバックの活かし方について論ずる中で，その具体的な方略を提案し，自己評価を学習者自身が活用する実践を示している。具体的には，たとえば，KMOFAP では，当初自己評価を実践に取り込むことは「非常に困難

を極めた」が，「自己評価の道を切り開いたのは」，「教師のコメントによる
フィードバックにおける教師の経験だった」。具体的な事例では，たとえば
教師たちのコメントは「当初は，『Good』，『Well done』，『全ての問題に答
えなさい』だったが，「『9月29日のノートを見直し，葉緑素がどこに載っ
ているのか，それが何であるのか探してみなさい』」といったような「到達
度合いと設定された目標との差異を示し，その差異を埋めるために，どのよ
うな教育が必要なのかを示すコメント」に変わっていった。「教師たちはそ
こでの経験からコメントによるフィードバックが子どもたちに自己評価を行
うための足場を提供していることを見いだした」のだった（二宮，2013）。

　これより，教師のコメントによるフィードバックが学習者の自己評価能力
育成に効果的であることがわかる。それは，教師が自身のコメントを通して
学習者の記述が変容する姿から自己の授業を自覚，つまり，自己評価するこ
とで，「どのような教育が必要なのか」といった教育観が変容し，その結果
コメントの内容が変わっていったことがその大きな要因であったと考える。
これが，教師の授業改善につながったと考えられる。この考え方は，この
「フィードバック」を「形成的評価（formative assessment）」の鍵であると
したオーストラリアの教育評価研究者であるサドラー（Sadler, R., 1989）の
提案に依拠している。サドラーは，「フィードバック」を，ブラックとウィ
リアム（1998，47-48）が指摘しているように，それまで一般的に言われて
きたものではなく，Ramaprasad（1983）の提案を採用している。すなわ
ち，学習者の実際（actual level）と目標（reference of a system parame-
ter）の差異（gap）を明らかにし，それを埋める役割を持つものである。

　これらより，教師のコメントによる「フィードバック」が，学習者の自己
評価能力において有効な要素であることがわかる。そこでは，教師の指導目
標との差異を埋めるという役割を持つ教師による「フィードバック」が重要
となる。言い換えれば，この「フィードバック」は，教師が自身の授業を自
己評価することを意味すると考える。なぜならば適切なフィードバックは，
「学習者の実際（actual level）と目標（reference of a system parameter）
の差異（gap）を明らかにし，それを埋める」ためになされるのであるが，

これらは教師が自身の授業を振り返り，自覚すること，言い換えれば教師の自己評価を意味すると考えられるからである。

2-5 授業改善における自己評価を考える上で重要な要素

　以上より，これまでの自己評価における論点を整理した。その結果，自己評価を考える上で重要な要素として3点が明らかになった。まず，1つめとして自己評価観の問題である。これについて，堀（2018, 315）は次のように述べている。これまで，「『自己評価は使いものにならない』とか『自己評価は当てにならない』などという言葉をよく耳にするが，決して学習者に力がないのではない。これらの問い方が不適切であって，学習者には未開拓のメタ認知の能力が秘められているのである」。つまり，自己評価が適切に行われてこなかったのは，「問い」が不適切だったからであり，学習者の「未開拓のメタ認知能力」を引き出すための「問い」について，これまであまり議論されることがなかったというのである。さらに，田中（2008, 76）は，学習者は無能な存在ではなく「自分を取り巻くさまざまな世界に主体的に働きかけながら，それなりの整合性や論理性を構築する有能な存在」であることが，適切な自己評価を可能にする前提となると述べている。これは，自己評価能力育成の問題と関係すると考える。

　以上より，自己評価を考える上で，授業において自己評価能力の育成のためのしかけとしての適切な「問い」の検討が必要と考える。その問いは，学習者の自己評価に基づき，教師が自己の授業を吟味すること，つまり，自己評価することで，より適切な問いになると考えられる。

　2つめとして概念や考え方，および，その形成過程の自覚化という視点である。これについて，田中（2008, 163）は自己評価を「子どもたちが自分の人となりや学習の状態を評価し，それによって得た情報によって自分を確認し今後の学習や行動を調整する行為」と『メタ認知』や『モニタリング』といわれるものもこれに相当すると述べている。ここで言う「学習の状態を評価」とは，自己の概念や考え方の状態やその形成過程を自覚することと考えられる。これにより，学習者の自己評価に基づく教師の自己評価が成され

ると考える。学習者の自己評価に基づく教師の自己評価とは，学習者が自己の概念や考え方の形成過程を自覚（学習者の自己評価）する様相を，教師が把握することで自分の授業の実相を自覚する（教師の自己評価）ことを意味する。これがスパイラル的に繰り返し行われることで，授業改善が図られると考えられる。また，東（2005）は，「意欲と評価」の関係を述べる中で「息の長い学習努力のためには，現在の時点で手ごたえを与える中継ぎのフィードバックが必要になる」とし，それらは，できれば「まわりからの評価によるのでなく，学習の過程が『わかった』，『やりとげた』というような，内発的動機の満足の連鎖として組み立てられれば一番良い」と述べ，学習の過程の自覚に注目することの意義を唱えている。さらに，「中継ぎフィードバックは，学習過程の要所要所で，ほっておくと自分では気づかない進歩を『見える』ようにしたり，同じく自分では気づかない軌道のずれにスポットライトをあてたり」するのが良いと述べている。「進歩」を「見える」ようにするとは，言い換えれば，自己評価における概念や考え方の変容過程を可視化することと考えられる。このように，学習者が自身の概念形成の過程を自覚し，かつ，教師も授業過程を自覚する事が，自己評価の本来持つべき機能である学習・授業の改善を生むと考える。そこでは，KMOFAP での実践でも実証された教師による「フィードバック」が効果的だと考えられる。しかし，そのためには，東が主張するように，学習者が自己の変容を認識し，教師がそれを把握することで自己の授業を自己評価するための可視化といった工夫が必要となる。

　3つめとして，「学習としての評価」（Assessment as Learning）という考え方である。教育評価の課題の中で大きいのは教育評価を通して学習者の資質・能力を育てるという視点，言い換えると「学習としての評価」（Assessment as Learning）である。資質・能力の育成には，堀が主張するように「学習と指導の一体化」（Assessment as Teaching and Learning）の考え方が重要だと考えられる。この考え方を学校現場に取り入れるには，その具体化の工夫として問いの検討が重要となることがわかった。

　さらに，これに関連して教育評価の本質に関わる学力観の問題である。評

価を学習・授業改善に活かすことは，つまり，学習者の学力を育成すること
になる。しかし，これまではこの学力について，「所定の教育内容をどれだ
け憶え理解しているのか」堀（2013, 12）を重視していたと考える。教育評
価を考えるとき「何を学力とするか」といった学力観を再考する必要があ
る。これは，先ほどの評価観と相まって，その変容の必然性について考察す
べきことと考える。

3 自己評価能力の育成

　次に，自己評価能力の育成である。先ほども述べたように，本稿では，
OPPA論に注目した。OPPA論はたとえば，中島（2010）や，中島・山田・
松本（2015）などにより，「メタ認知」の育成に効果的とされる。さらに，
日本の通常の公立の学校現場で用いられることを前提として，概念や考え方
の形成過程に注目して開発された（堀，2013, 53-62）。したがって，現場の
教育活動において学習者の自己評価に基づく教師の自己評価能力を育成する
ための鍵が，そこから明らかになると考えられる。

3-1 形成的評価を重視した自己評価論

　まず，OPPA論について概観する。OPPA論は，学習前，学習中，学習
後の学習者の概念や考え方に注目し，その変容過程を意識化，自覚化させる
ことを重視して開発された。言い換えれば，形成的評価を重視した自己評価
論と考える。これまでの報告により，OPPA論を授業で活用する際に用い
るOPPシートの，学習者の概念や考え方の「内化・内省・外化」（図補-2）
を可視化する機能（堀，2013, 102-118）により，いわゆる「ブラックボッ
クス」であった学習者の概念や考え方，およびその形成過程を把握すること
を可能にすることが明らかになった（中島，2010）。したがって，「学習のた
めの評価」（Assessment for Learning）および，学習としての評価（Assess-
ment as Learning）の両方の機能を持つと考えられる。

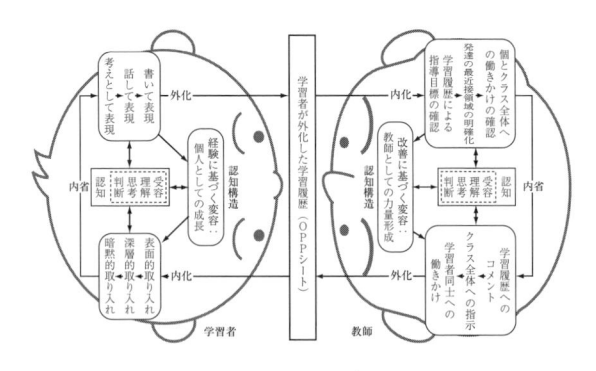

図補-2 思考や認知過程の内化・内省・外化と学習者・教師の認知構造
出典：堀 哲夫（2013）『教育評価の本質を問う一枚ポートフォリオ評価 OPPA』東洋館出版社.

3-2 資質・能力の育成と内化・内省・外化の関係

堀（2018, 310-311）は，資質・能力を育てる教育評価の具体的方法を考える上で，次の３点が重要だと指摘している。1つめは，「学習による変容の外化と可視化」である。なぜならば，「授業の結果，何をどう学習者が捉えているのか学習履歴として明確にし，さらにそれを見て教師が授業を修正，改善していくことができるから」と述べている。さらに，「学習者自身も学習履歴を学習前・中・後を振りかえり何がどのように変容したのかを具体的な内容を通して可視化できるから」と主張している。これは，先ほどの東が主張する「進歩」を「見える」にすることと同様と考えられる。では，そのためには具体的にどうすればいいのであろうか。これについて，堀は2つめとして「学習履歴を活用した資質・能力の育成」を提案し，1つめ，2つめを満たすツールとして，OPP シートを提案している（図補-3）。

OPP シートには，図３の①〜③に示す３つの問いが設定されている。これらが先ほども述べた「内化・内省・外化」を可視化する機能を持つ。つまり，これらの３つの問いにより，学習者の「内化，内省」が促され，OPP シートへの記述を通して「外化」されることで学習者の思考や認知過程が可視化されると考える。

３つめとして「教師の指導履歴の外化と可視化による指導と評価の一体化」

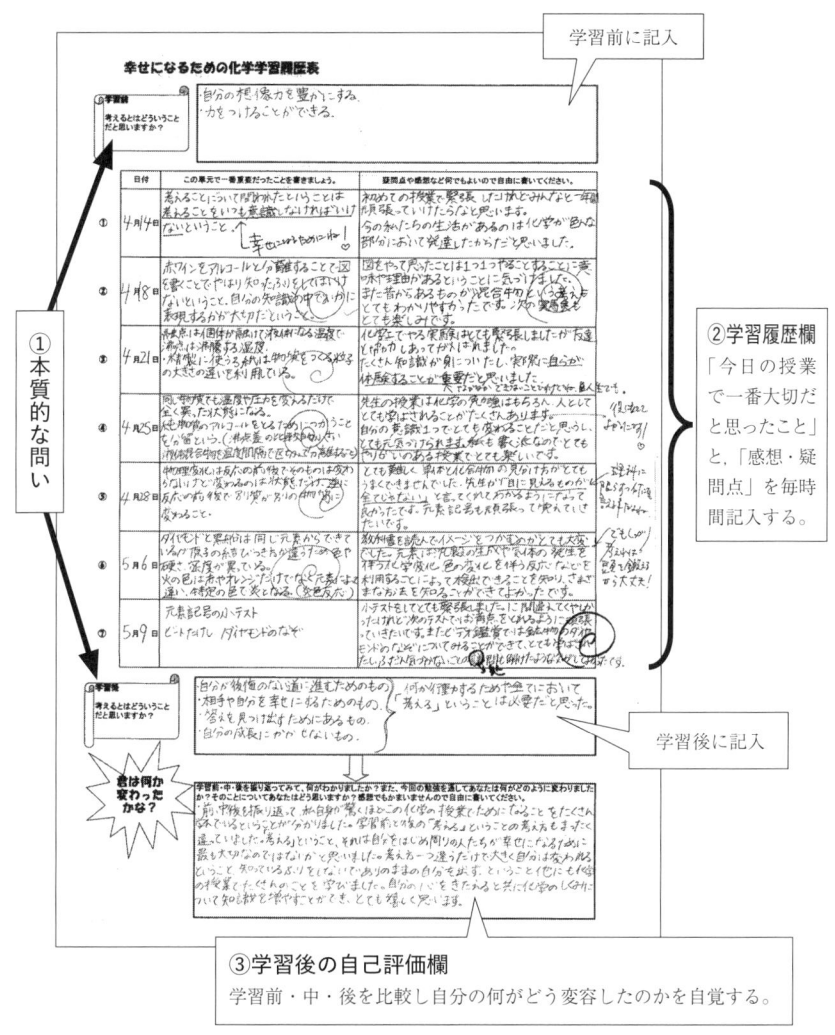

図補-3　OPP シート（OPPA で用いるワークシート）の一例と骨子の概要
（高校 1 年生・化学 I）

である。なぜならば，「学習者の実態に応じて授業の修正や改善」が，「授業の進行に合わせて可能になる」からだと述べている。

3-3 教師用 OPP シートによる効果

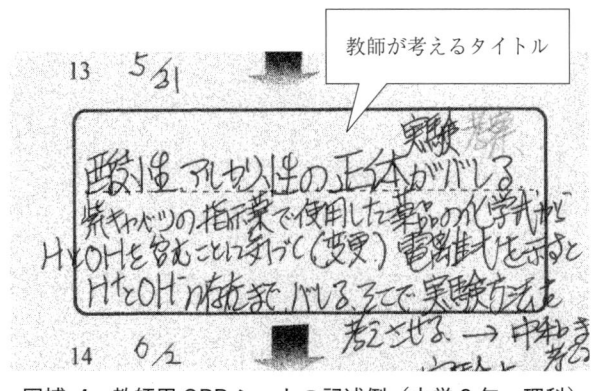

図補-4　教師用 OPP シートの記述例（中学 3 年・理科）

これについて，堀（2018，315）は授業改善のための「教師用 OPP シート」の必要性を主張し，これにより「学習者の資質能力を高める機能だけでなく教師のそれを高める役割も担っている」と述べている。つまり「学習者だけが学習の修正や改善を行うだけでは不十分であり，教師の指導の修正や改善があってより効果が上がる」というのである。これまでの実践より，教師用 OPP シートは，状況に応じて 2 種類の使用方法がある。第一に，教師が教師用 OPP シートに学習者用 OPP シートと同じ問いを設定し，記述する方法である。通常，学習者用 OPP シートでは，たとえば「学習履歴欄」においては，学習者が毎回，授業のタイトルやその授業で一番大切だと思ったことを記述するのであるが[8]，教師用 OPP シートでは教師が授業で意図するところのタイトルや「今日の授業で一番重要だと思ったこと」を記述する。これにより，教師は学習者個々の OPP シートの記述と自分が教師用 OPP シートに記述した内容の差異を把握することでその授業の問題点を具体的に把握する。第二に，教師の自己評価をそのまま記述する方法である。つまり，教師が学習の記述から得られた示唆やそれに基づく授業で改善すべき点を記入するものである。実践例として，ここではそれぞれの事例を紹介する。まず，第一の方法である。図補-4 は，中学校理科 3 年「酸，アルカリとイオン」において使用した教師用 OPP シートの「指導履歴欄」の一部である（辻本・中島，2017）。「指導履歴欄」は，学習者用 OPP シートの「学習履歴欄」（図補-3，②）に相当する。この事例では，教師は「液性の実験で使用した水溶液の化学式や電離式で，酸性やアルカリ性の正体をどこまで探ったか」を記述して

いる。このように，教師用 OPP シートに「指導履歴」を記述し，学習者用 OPP シートと比較することで，学習者と教師の自己評価の差異の把握が可能になり，個々の学習者に即した指導と評価の一体化が図られた授業改善を行うことが容易になる。

次に第二の方法である。図補-5 は，小学校理科 6 年「人や動物の体」単元における教師用 OPP シートの記述例である。先ほどの事例と異なり，ここでは，学習者の記述から得られた授業改善に関する示唆や改善点として教師が自覚した内容を記述する。たとえば，No.2 の欄（2 回目の授業）の記述からは，児童が「およそよく分かっている」ことを教師が把握し，自分（教師）の「話は難しかった」と自己の授業を自己評価していたが，児童の記述には「難しいと言う記述はな」く，その結果「（児童が）分かりにくかったことを書かせよう。用語と内容がむすびつくように」といった具体的な授業改善につながったことがわかる。

その結果，図補-5 の児童の OPP シートに見られるように 3 回目の授業（No.3）からは「どんな？」「どうしてだと思いますか？」といったような学習者に自ら考えることを促すコメントが増えていった。これ以外にも，多くの児童が間違える漢字などについてメモがとれるので，他の教科への活用も

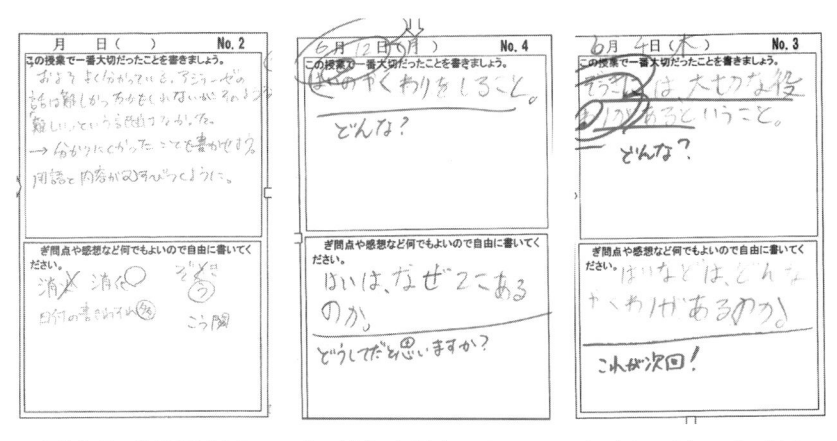

図補-5　教師用 OPP シート（左）と児童の OPP シート（中・右）の記述例
（小学校 6 年生・理科）

可能になった。学習者用の OPP シートへの教師のコメントによるフィードバックはこれらに基づいて行われる。これらが，1 回の授業ごとではなく，同じ単元の授業において毎回一枚のシートに指導履歴として OPP シートに可視化されることで，授業そのものに対する考え方などの教育観の変容を教師自身が自覚（自己評価）することが可能になる。授業改善にはこの効果が大きいと考えられる。

この実践を行った教師によれば，これまでは「コメントは，児童の内容に関する質問に，正解を答えるものや，よかったね，よくできたね，といったものが多かった」が，『どんな？』『どうしてだと思う？』といった子どもの学びが促されるコメントの方が効果があることがわかった」。その結果，「このようなコメントに変わっていった」と述べている。

さらに，これらが，学習者の自己効力感の感得につながると考える。なぜならば，これらの教師のコメントは冒頭で述べたような「教師や友人や保護者から肯定的なフィードバック」として機能すると考えられるからである。

4 「指導の機能を持つ評価」

次に，教育評価で資質・能力を育成するという考え方である。「1　はじめに」でも述べたように，学習改善・授業改善に自己評価を生かすためには，「自己評価能力」を育成する必要がある。先ほども述べたように，これまでの報告により OPPA は，「メタ認知」の育成に効果的とされる。これについて，堀（2018，306）は次のように述べている。「教育において重要なことは繰り返し問い，何がどうなっているのか確認して，不適切な状態を改善するための働きかけを絶えず行う」ことである。しかし，「そこでは，どこまでが指導でどこからが評価かという区別は付けにくいし，それを行おうとすると評価が後回しになってしまいがちである」ためにこれまでは，「『指導と評価の一体化』が難しかった」。さらに，この「克服には『資質・能力を育てる評価』が求められる。つまり，『指導の機能を持つ評価観』がきわめて重

要」と指摘している。加えて堀は「指導の機能を持つ評価」の条件として5点を挙げている（表補-2）。その上で，これら5点が，OPPシートに盛り込まれていると述べている。この「指導と評価の一体化」と「学習と評価の一体化とは，先述の「学習，授業としての評価（assessment as teaching and learning）」を意味すると考えられる。

　以上より，授業改善のための教師の自己評価を考える際，そこでは，評価が指導の機能を持つことが必然的に求められることがわかった。

表補-2　「学習や指導の機能を持つ評価」の条件

①	学習者の実態を把握できること
②	把握した実態を個別的かつ具体的な働きかけができること
③	学習者および教師が改善した内容を可視的かつ形成的に把握できること
④	具体的かつ可視的な学習内容の変容を意識化できること
⑤	学習や授業において利便性と実効性があること

出典：堀 哲夫（2018）「資質・能力を育てる教育評価に関する研究―OPPA論を中心にして―」『山梨大学教育学部附属教育実践総合センター研究紀要 教育実践学研究』第23号，pp.305-307. の提案を基に筆者作成。

5　まとめ

　以上より，授業改善のための教師の自己評価を考える上で重要な要素は次の4点と考える。

　第一に，自己評価における「問い」である。この「問い」は，これまでの自己評価観を変容させ，さらには，自己評価能力の育成を促す効果があることがわかった。

　第二に，教師のコメントによるフィードバックの効果である。これらは，連続的に学習者とやりとりできることが望ましい。その時点だけでなく，学習前，学習中，学習後の全ての流れの中でなされることで，より効果的になる。さらに，KMOFAPや，OPPシートを活用した実践に見られるように，適切なフィードバックのために教師がどのようなコメントをするかについて

検討することが，教師の自己評価する力の育成を促すことがわかった。

第三に，その前提としての「学習や指導の機能を持つ評価」という考え方である。それは，表補-2 に示すような条件を満たすものが望ましい。

第四に，これらの前提にある概念や考え方とその形成過程の自覚化という視点である。

その構造は次の通りである。学習者が「問い」によってあぶりだされた自身の概念や考え方の形成・変容過程を可視化することで，自覚（自己評価）が促される。これにより，学習者の自己評価能力の育成がなされる。それと同時にそれらを教師が確認することで，授業の何が問題だったのかを具体的に把握し，自身の授業を自己評価することが教師の教育観の変容を促し，授業改善がなされると考える。学習者の自己評価と教師の自己評価は，この概念形成の自覚化という視点により結びつくことが可能になる（図補-6）[9]。

以上が，円滑に行われるためには，学習者が自由に自分の概念や考え方を表現できることが重要になると考える。OPP シートは基本的に成績付けには用いない。これは，東が言うような「『進歩』」を『見える』ようにすることによる内発的動機の満足の連鎖」を生むことにもつながると考える。OPPA 論で用いる OPP シートは，その問いによる効果によって，上記 4 点

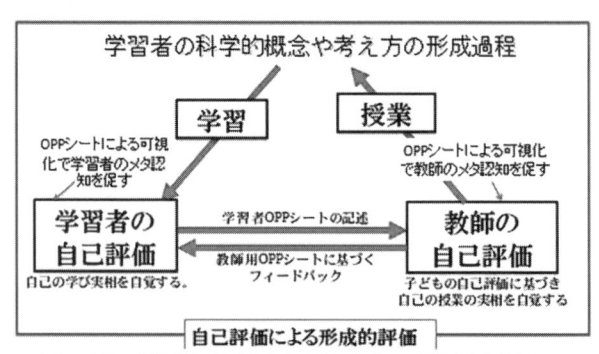

図補-6　学習者の自己評価による教師の自己評価

を満たす具体の1つと考えられる。

6 結論

　以上より，本章ではOPPA論を中心に，授業改善における自己評価の可能性を検討した。しかし，自己評価能力やメタ認知の捉え方，および，その育成に効果的な「問い」の検討やその効果については，事例の検証をさらに重ねる必要がある。さらに，自己効力感の獲得との関係については，本章では十分な検討がなされていない。

　今後は，より多くの実践を分析し，授業改善における自己評価の有効性を明らかにしたい。

註

1　OECD (2016). JAPAN — Country Note —Results from PISA2015, 5. Retrieved from https://www.oecd.org/pisa/PISA-2015-Japan-JPN.pdf 【最終アクセス 2018.12.26.】

2　教育学の立場から初めて「自己評価」の重要性を説き，「生徒の自己評価」と「教師の自己評価」を区別したのは安彦忠彦である。詳しくは次を参照されたい。安彦忠彦 (1987)『自己評価』図書文化.

3　三宮真智子編 (2008)『メタ認知』北大路書房，p.1.

4　OPPA論については，詳しくは堀 哲夫 (2013)『教育評価の本質を問う　一枚ポートフォリオ評価法』東洋館出版社，を参照されたい。

5　OECD教育研究革センター編著，有本昌弘監訳 (2008)『形成的アセスメントと学力』明石書店.

6　Wigginsらによるパフォーマンス評価の詳細については，たとえば，田中耕治編 (2011)『パフォーマンス評価　思考力・判断力・表現力を育む授業づくり』ぎょうせい，を参考されたい。

7　国立教育政策研究所 (2017)『平成28年度 プロジェクト研究調査研究報告書　資質・能力を育成する教育課程の在り方に関する研究報告書5　資質・能力の包括的育成に向けた評価の在り方の研究の概要について』1. Retrieved from http://www.nier.go.

jp/05_kenkyu_seika/pdf_seika/h28a/syocyu-1-5_a.pdf【最終アクセス 2018.12.26.】

8 学習履歴欄は，教師の裁量により「タイトル欄」が設けられる場合がある。

9 中島雅子（2018）「自己評価による学習・授業改善—OPP シートの『問い』の機能と効果を中心として—」『一般社団法人　日本理科教育学会　全国大会発表論文集』第 16 号，p.106.

謝辞

本研究は，JSPS 科研費 17K01018 の助成を受けたものである。

引用文献

東 洋（2005）『子どもの能力と教育評価【第 2 版】』東京大学出版会，pp.10-11.

安藤輝次（2013）「形成的アセスメントの理論的展開」『学校教育学論集』第 3 号，15-25.

Black, P. and Wiliam, D. (1998). Assessment and Classroom Learning, *Assessment in Education*, Vol.5, No.1, pp.7-74.

Black, P., Harrison, C., Lee, C., Marshall, B, and Wiliam D. (2003). *Assessment for Leaning — Putting it into Practice —*, Open University Press.

Brookhart, S. (2008). How to Give Effective Feedback to Your Student, Association for Supervision and Curriculum Development (ASCD), pp.58-70.

Earl, L. M. (2003). *Assessment as Learning: Using Classroom Assessment to Maximize Student Learning*, Corwin Press, p.26.

榎本充孝・中島雅子（2017）「学習者の資質・能力育成における OPP シートの機能に関する研究—小学校 5 年『人のたんじょう』の単元を事例にして—」『埼玉大学紀要　教育学部』Vol.66，No.2，pp.257-267.

堀 哲夫（2011）「OPPA の基本的骨子と理論的背景に関係する研究」『山梨大学教育人間科学部紀要』第 13 巻，pp.94-107.

堀 哲夫（2013）『教育評価の本質を問う　一枚ポートフォリオ評価法』東洋館出版社.

堀 哲夫（2017）「教育評価のこれまでとこれから」『理科の教育』Vol.66，No.781，p.12.

堀 哲夫（2018）「資質・能力を育てる教育評価に関する研究　—OPPA 論を中心にして—」『山梨大学教育学部附属教育実践総合センター研究紀要　教育実践学研究』第 23 号，pp.305-317.

石井英真（2013）「これからの社会に求められる学力とその評価　—『真正の学力』の追

求」『初等教育資料』東洋館出版社，p.31.

石井英真（2015）『今求められる学力と学びとは　―コンピテンシーベースのカリキュラムの光と影―』日本標準，pp.65-68.

中島雅子（2010）「科学的概念の形成過程をふまえた学習者の目的観育成に関する研究 ―高等学校理科における OPPA による効果の検証を中心として―」『教育目標・評価学会紀要』第 20 号，pp.59-68.

中島雅子・松本伸示（2014）「概念形成の自覚化に注目した理科教育の自己評価に関する一考察　―自己評価のとらえ方の変遷を中心として―」『日本教科教育学会誌』Vol.37，No.2，pp.71-80.

中島雅子・山田理恵・松本伸示（2015）「理科教育における『生成的学習モデル』と OPPA　―中学校 1 年生単元「植物の世界」を事例として―」『兵庫教育大学学校教育学研究』27 号，pp.41-48.

中島雅子（2016）「『見取ること』をめぐる課題とその克服―『自己評価』による授業改善を中心として―」『理科の教育』Vol.65，No.770，pp.5-8.

中島雅子（2017）「『自己評価』による授業改善―小学校理科における OPPA を活用した事例を中心として―」『埼玉大学紀要　教育学部』Vol.66，No.1，pp.65-75.

二宮衆一（2013）「イギリスの ARG による『学習のための評価』『教育方法学研究』第 38 巻，pp.103-105.

OECD 教育研究革センター編著，有本昌弘監訳（2008）『形成的アセスメントと学力』明石書店.

Ramaprasad, A. (1983). On the definition of feedback, *Behavioral Science*, 28 (1), p.4.

Sadler, R. (1989). Formative assessment and the design of instructional systems, *Instructional Science*, 18, pp.120-121.

鈴木秀幸（2017）「新しい教育評価の動向（52）R. ダン『形成的評価，対話的評価とハーバーマス』」『指導と評価』10 月号，図書文化，p.52.

田中耕治（2008）『教育評価』岩波書店.

田中耕治編（2011）『パフォーマンス評価　思考力・判断力・表現力を育む授業づくり』ぎょうせい.

辻本昭彦・中島雅子（2017）「教師用 OPP シートを活用した授業改善 ―中学校 3 年生「化学変化とイオン」単元を中心に―」『一般社団法人　日本理科教育学会　全国大会発表論文集』第 15 号，p.130.

附記

まえがきは，以下の論文に基づき，再構成したものである。
中島雅子（2019）「理科における資質・能力の育成とその評価」『教室の窓』
Vol.56，東京書籍，pp.36-37.

序章の一部は，以下の査読付き論文に基づき，再構成したものである。
中島雅子・松本伸示（2014）「概念形成の自覚化に注目した理科教育の自己評価に
関する一考察　―自己評価のとらえ方の変遷を中心として―」日本教科教育学会
編『日本教科教育学会誌』第37巻2号，pp.71-80.

第1章は，以下の査読付き論文に基づき，再構成したものである。
中島雅子・松本伸示（2014）「R. オズボーンの所説を中心にした構成主義に基づく
理科教育論の特質と構造」兵庫教育大学大学院連合学校教育学研究科編『教育実
践学論集』第15号，pp.193-202.

第2章は，以下の査読付き論文に基づき，再構成したものである。
中島雅子・松本伸示（2013）「構成主義に基づく概念の形成過程を重視した授業の
あり方　―『生成的学習モデル』を中心として―」日本理科教育学会編『理科教
育学研究』Vol.54，No.2，pp.215-223.

第3章は，以下の論文に基づき，再構成したものである。
中島雅子・山田理恵・松本伸示（2015）「理科教育における『生成的学習モデル』
と OPPA ―中学校1年生単元「植物の世界」を事例として―」『兵庫教育大学学校
教育学研究』，第27巻，pp.41-48.

補章は，以下の査読付き論文に基づき，再構成したものである。
中島雅子（2019）「理科教育における授業改善のための教師の自己評価」日本理科
教育学会編『理科教育学研究』Vol.59，No.3，pp.411-421.

おわりに

　筆者と OPPA 論の出会いは，20 数年前にさかのぼる。ちょうど教員になって 10 年目の授業をどう改善したらいいのかを悩み始めた時期とも重なり，その面白さにどんどんのめりこんでいった。まだ OPPA という言葉はなく，その原型が誕生した頃であった。

　当時，高校で教鞭をとっていた筆者は，研修制度を活用して山梨大学で受講した堀 哲夫先生の講義で「構成主義的な学習観」，「素朴概念調査問題」やオズボーンの著作を知り，衝撃を受けた。今にして思えば，自分の問題意識と重なっていたのだと思う。学習者の頭の中は学習前であっても白紙状態ではなく，生活経験などからもともと持っている概念や考え方といった既有の概念や考え方，つまり，素朴概念が存在し，それらは，非常に強固であることについて始めて学んだのであるが，その内容は，自分の拙い経験からも説得力のあるものであった。その後，修士課程，博士課程と学び続けていく中で，それらを適切な概念や考え方に変容させるのは，自分で自分の頭の中（認知状態）を自覚すること，つまり，自己評価が重要だと考えるようになった。それが，自己評価との出会いとなる。本著はこのような筆者の経験から生まれた。

　「なぜ自己評価にこだわるのか」と聞かれることも多い。それは，「真に自分を変えるのは自分しかいない」と考えるからである。改善は，自分の持っている概念や考え方を自覚することで促されると考える。これを教育の世界で活用できれば，真の学習・授業改善がなされるのではなかろうか。そこで目指すべき教育の目的は，筆者流に言えば，幸せの追求だと考える。理想的で甘い考えとご指摘をいただくかもしれないが，個々人が幸せになることが，より良い社会の構築にもつながると考える。自己評価能力という資質・能力を身につけることが，幸せに近づけるというわけだ。

　このような考えを持つようになったのは，両親の存在が大きい。闘病生活

を長く続ける両親の人生を，その介護を通して間近にみることで，命の儚さや，人生の短さを若い頃から目の当たりにし，このようないつ何が起こるのかわからない限りある人生において「幸せとは何か」を，常に筆者は考えざるを得なかった。この場を借りて，今は亡き父と，今も闘病を続ける母に感謝したい。

　最後になるが，ここまで私を導いてくださった，山梨大学の堀 哲夫先生，京都大学の田中耕治先生，西岡加名恵先生，兵庫教育大学の松本伸示先生に深く感謝したい。つくづく自分は，師に恵まれたと思う。また，これまで関わってくれた生徒・学生のみなさん，多くの同僚のみなさん，OPPA 研究会のみなさん，出版についてもご尽力いただいた東京都武蔵野市立第五中学校の辻本昭彦先生，そして，忙しさを言い訳についつい先伸ばしにしがちな私を，粘り強く支え，的確なアドバイスをくださった東洋館出版社の上野絵美氏に心から感謝の気持ちを伝えたい。

　2019 年 7 月 4 日

中島　雅子

索　引

中島　雅子 なかじま・まさこ

埼玉大学教育学部准教授。
1962 年山梨県甲府市生まれ。
1985 年より，公立高等学校の理科（化学）教師として 30 年間勤務したのち，2015 年より現職。
高校教師を務めるかたわら，大学院にて研究に取り組む。
2007 年山梨大学大学院教育学研究科修士課程修了　修士（教育学）。
2011 年京都大学大学院教育学研究科修士課程修了　修士（教育学）。
2015 年兵庫教育大学大学院連合学校教育学研究科博士課程修了　博士（学校教育学）。
専門分野は，自己評価による資質・能力の育成とその評価，自己評価による学習・授業改善。
OPPA 研究会の代表を務める。

自己評価による授業改善
― OPPA を活用して―

2019（令和元）年 8 月 11 日　初版第 1 刷発行
2022（令和 4 ）年 9 月 28 日　初版第 4 刷発行

著　者　中島雅子

発行者　錦織圭之介

発行所　株式会社東洋館出版社
　　　　〒 101-0054　東京都千代田区神田錦町 2 丁目 9 番地 1 号
　　　　　　　　　　　　　　　　　コンフォール安田ビル 2 階
　　　　代　表　電話 03-6778-4343　FAX03-5281-8091
　　　　営業部　電話 03-6778-7278　FAX03-5281-8092
　　　　振替　00180-7-96823
　　　　URL　https://www.toyokan.co.jp

デザイン　藤原印刷株式会社

印刷・製本　藤原印刷株式会社

ISBN978-4-491-03728-8　　Printed in Japan